O DOJO E
SEUS SIGNIFICADOS

Dave Lowry

O DOJO E SEUS SIGNIFICADOS

Um Guia para os Rituais e Etiqueta das Artes Marciais Japonesas

Tradução:
JAQUELINE SÁ FREIRE

Supervisão geral da tradução:
PROF. WAGNER BULL (6º Dan Aikikai)

Editora Pensamento
SÃO PAULO

Título do original: *In the Dojo – A Guide to the Rituals and Etiquette of the Japanese Martial Arts.*

Texto de acordo com as novas regras ortográficas da língua portuguesa.

1ª edição 2012.

Publicado mediante acordo com Shambhala Publications, Inc., 300 Massachusetts Avenue, Boston, MA 02115 – USA.

Coordenação editorial: Denise de C. Rocha Delela e Roseli de S. Ferraz
Preparação de originais: Lucimara Leal da Silva
Revisão: Iraci Miyuki Kishi
Diagramação: Fama Editoração Eletrônica

Nota sobre a tradução: As palavras em japonês não flexionam em gênero e número, ou seja, não existe diferença entre feminino e masculino, e, mais importante, elas não possuem plural. Portanto, seguimos a opção feita pelo autor, mantendo as palavras em japonês em sua forma original. Isso foi feito até com palavras como dojo, sensei, budoka e tantas palavras que costumamos aportuguesar usando plural.

Dados Internacionais de Catalogação na Publicação (CIP)
(Câmara Brasileira do Livro, SP, Brasil)

Lowry, Dave
O dojo e seus significados : um guia para os rituais e etiqueta das artes marciais japonesas / Dave Lowry ; tradução Jaqueline Sá Freire; supervisão geral da tradução Wagner Bull (6º Dan Aikikai). — São Paulo : Pensamento, 2011.

Título original: In the dojo : the rituals and etiquete of the Japanese martial arts.

ISBN 978-85-315-1767-9

1. Artes marciais - Filosofia 2. Artes marciais Japão I. Título.

11-13731 CDD-796.8150922

Índices para catálogo sistemático:

1. Artes marciais : Princípios e filosofia : Japão 796.8150922

Direitos de tradução para o Brasil
adquiridos com exclusividade pela
EDITORA PENSAMENTO-CULTRIX LTDA.
Rua Dr. Mário Vicente, 368 — 04270-000 — São Paulo, SP
Fone: 2066-9000 — Fax: 2066-9008
E-mail: atendimento@editorapensamento.com.br
http://www.editorapensamento.com.br
que se reserva a propriedade literária desta tradução.
Foi feito o depósito legal.

Para Diane,
embora eu não saiba bem
o que ela queria com isso.

Para ver o mais longe possível e sentir os grandes poderes que estão por trás de cada detalhe... Para preparar um trabalho o mais completo e sólido possível, e tentar torná-lo de primeira classe sem anunciar isso a ninguém.

— Oliver Wendell Holmes

Sumário

Prefácio à edição brasileira

Quando li este livro, imediatamente vi que ele seria de grande importância para os professores e praticantes de artes marciais do Brasil. Sugeri ao editor Ricardo Riedel que o publicasse, e ele felizmente concordou.

Atualmente, muitas pessoas treinam artes marciais japonesas em nosso país e, inclusive, algumas delas têm atingido um grande desenvolvimento, nivelando-se tecnicamente aos grandes praticantes do Japão. No entanto, há certos aspectos culturais e mesmo tradicionais no *dojo*, ou "Academia" como se diz popularmente, que são desconhecidos por muitos praticantes e até por professores.

Embora a maioria dessas informações seja apenas complementar, é importante que o praticante sério e que queira se aprofundar na Arte, ou Caminho Marcial, tome conhecimento delas, para que possa entender e ter consciência das razões pelas quais a etiqueta que aprendeu no *dojo*, muitas vezes automaticamente, era tão exigida pelo seu mestre, sobretudo se este seguia as tradições centenárias das artes marciais.

É sempre importante saber o que há por trás das ações para se ter consciência do que se faz, evitando assim a ação inconsciente. Com essa compreensão, o praticante terá seu nível geral de domínio da arte marcial ampliado e elevado.

Dave Lowry, um antigo praticante de artes marciais que conheci há vinte anos, brindou-nos com esta obra na qual resume sua grande pesquisa, fruto de dezenas de anos treinando e praticando artes marciais. *O Dojo e Seus Significados* é uma fonte segura para se tomar o conteúdo como autêntico e significativo das grandes tradições no *budo*.

Eu, como professor e praticante de aikido no Brasil há quase 40 anos, vejo com preocupação muitas dessas tradições marciais japonesas se perderem atualmente, em virtude de uma pseudomodernização provocada talvez pela exigência da velocidade dos tempos modernos e pelas constantes mudanças em todas as áreas, voltadas para resultados e para atender aos "mercados", divergindo dos propósitos do *budo*.

É cada vez mais comum a prática de artes marciais em academias de ginástica, onde a música ritmada, necessária para embalar os movimentos da ginástica moderna, vem acompanhada de todo palavreado usado pelos professores dessa modalidade de exercício para motivar os praticantes. Desse modo, o silêncio nos momentos de meditação e a reverência necessária para o aprofundamento da consciência são quebrados pela música tocada e dançada na sala ao lado.

O tradicional "dojo" — palavra emprestada do budismo que significa local onde se pratica o "Caminho" — exige uma série de requisitos quanto à arquitetura, à decoração, e até mesmo quanto ao comportamento, para que efetivamente as artes marciais sejam praticadas com o intuito de alcançar a transformação interior. Entretanto, se não forem tomadas as devidas precauções, algumas academias de artes marciais podem acabar se tornando apenas um espaço, uma sala, onde as pessoas se reúnem para praticar movimentos estilizados, quase uma coreografia, visando principalmente o desenvolvimento da parte física, que, embora necessário, é secundário para a prática do *Budo* tradicional.

Nesse sentido, a leitura deste livro é fundamental para que mesmo aqueles que não tenham a oportunidade de treinar em um *dojo* com as características tradicionais possam conhecer as necessidades e assim melhor entender e praticar suas artes ainda que em locais não tão adequados.

Tive o prazer de supervisionar a tradução desta obra para o português e agradeço a Jaqueline Sá Freire, aluna de aikido de um dos instrutores formados pelo Instituto Takemussu-Brazil Aikikai, por ter se dedicado a traduzir o texto mantendo-o tão fiel ao original. Certamente, o mestre ou discípulo de artes marciais que ler esta obra terá uma nova visão do que é um *dojo* e terá um novo e importante vocabulário das tradições autênticas.

Wagner Bull
Fundador do Instituto Takemussu-Brazil Aikikai
www.aikikai.org.br
Telefone: (11) 5581-6241

Introdução

O escritor escreve, se ele espera ser lido, para um público. Ao colocar as palavras no papel, ele as ouve sendo lidas. Ele imagina como elas irão soar, se o leitor compreenderá seu ponto de vista, se ele seguirá sua linha de raciocínio ou o ponto principal do tópico. Ele também escuta, ao menos um pouco, as palavras do seu revisor, o crítico que escreverá sobre seu trabalho. (O autor espera que ao menos escrevam sobre sua obra. Ser ignorado pelos críticos dói mais que uma crítica ruim.) Enquanto eu escrevia este livro, de vez em quando ouvia o crítico em minha cabeça, e, de vez em quando, escutava também um leitor lá, todos perguntando a mesma coisa: será que esse cara, literalmente, não cala a boca? Será que ele nunca termina seu estoque de coisas para dizer os aspectos mais obscuros de um assunto — as artes marciais e a forma de vida dos japoneses — que sabemos que existe, mas que é por si só um assunto estranho para a nossa sociedade? Enquanto escrevia, às vezes eu tinha a sensação de que eu era aquela pessoa que estava sentada perto de você em uma viagem de avião ou em uma mesa de bar. Eu era o cara que falava, e falava, e falava sem parar sobre algo até você começar a pensar em homicídio, e depois, já desesperado, em suicídio.

Na verdade, ao menos uma crítica foi publicada dizendo mais ou menos isto — será que eu não vou me calar? — sobre outro livro que escrevi. Neste livro, descrevi um *omamori*, um talismã que é vendido em quase todo santuário xintoísta no Japão. O revisor ficou imaginando por que eu senti a necessidade de dar todos os nomes desses talismãs no livro. Em sua revisão, ele explicou que ganhou um deles de uma pessoa que tinha recentemente retornado do Japão. A pessoa que lhe deu disse que era um "talismã". E ele deu toda a indicação de que, para ele, isso era mais que suficiente, e que a minha longa explicação sobre *omamori* era, no mínimo, tediosa. O livro que você está segurando agora não foi revisado por aquele revisor. Nossos leitores gostam dele. Eu não quero depreciá-lo. Ou aos leitores. O mundo está cheio de pessoas que adoram determinados assuntos, e eu também sou assim. Por exemplo, alguém pode me perguntar se eu vi o último modelo de carro, e eu vou ter de responder, honestamente, que não tenho a menor ideia se vi ou não. Para mim, existem dois tipos de carros: os que andam e os que não andam. Eu prefiro os que andam, e se for pressionado, sou capaz de descrever a cor e quase adivinhar quantas portas eles têm. Mas só isso. Entretanto, em outros assuntos, eu sou absolutamente capturado pelos seus detalhes. Eu desejo saber não só o que são mas também como funcionam, por que se desenvolveram de determinada maneira, qual é a sua história, o *pedigree*, a nomenclatura que os cerca. Um amigo me escreveu há não muito tempo; ele tinha encontrado uma referência à palavra *lamentation* (em inglês no original) como um termo que significava caça. "Que tipo de coisa pode ser definido como *lamentation*?", ele me escreveu, esperando que eu soubesse (para meu crédito, eu sabia. Está relacionado com cisnes). Mais recentemente, passei algum tempo no *campus* do Kenyon College, no coração do território Amish[1] de Ohio, e ao olhar a livraria de um amigo que estava se tornando lendária, eu encontrei um livro sobre as charretes dos Amish. Para um observador casual, elas são idênticas, mas cada ordem e cada comunidade tem a sua própria, com estilos distintos. Então, é claro que pelo resto da minha estada em Kenyon, eu passava, todos os dias, uma parte da tarde lendo o livro e outra parte alegremente identificando os diferentes tipos de charretes que regularmente passavam pelas ruas cercadas de árvores daquele *campus* bonito e bucólico.

---

1. *Amish* é um grupo religioso cristão anabatista que vive nos Estados Unidos e no Canadá. São conhecidos por seus costumes conservadores, como o uso restrito de equipamentos eletrônicos, inclusive telefones e automóveis. (N. da T.)

Eu passei ao menos dois terços de minha vida no *budo*, que são as artes e o modo de vida de combate do Japão, não é de espantar que minha inclinação por aprender os detalhes das coisas desabrochou lá. Eu tive sorte, um de meus primeiros professores era japonês, e havia sempre, indo e vindo pela casa dele, vários japoneses que estavam nos Estados Unidos como exilados ou visitantes, e a maioria deles gentilmente respondia às minhas infinitas perguntas. Geralmente, as respostas que eles me davam levavam a novas perguntas. As minhas dúvidas e as respostas que eles me deram foram o impulso para este livro. Conforme continuei minha educação no *budo*, comecei a observar com frequência duas coisas. A primeira era que havia muitos livros escritos com a intenção de explicar as disciplinas de combate japonesas para os principiantes. Existem textos introdutórios sobre a história e detalhes técnicos do karate-do, aikido, kendo, judo, e assim por diante. Alguns demonstram grande autoridade e são bem feitos. Outros com frequência repetem as informações (ou desinformações) de livros anteriores (é uma instrutiva lição sobre estudos desleixados, por exemplo, descrever o "fato" de que o karate de Okinawa foi criado por camponeses do arquipélago de Ryukyuan para que eles, desarmados, pudessem vencer e matar seus governantes japoneses despóticos. Essa história tem sido repetida em tantos livros que já ganhou uma vida própria, e, provavelmente, está sendo repetida agora mesmo em algum lugar do mundo. Da mesma maneira, muitos acreditam na história de que a espada curta carregada pelos samurais tinha como principal uso o suicídio, quando houvesse necessidade disso).

A segunda observação que fiz é que os praticantes do *budo*, incluindo alguns muito adiantados — e até mesmo alguns professores — frequentemente não sabem responder a perguntas sobre estas artes. No Japão, o treinamento para não japoneses é atrapalhado pela falta de fluência linguística na língua japonesa. Mesmo que os budoka estrangeiros tenham curiosidade sobre algo, eles podem ter dificuldades para fazer a pergunta ou para compreender a resposta. Os japoneses nativos talvez nem tenham pensado em muitas dessas questões.

O *budo* sempre foi parte da cultura de lá; muitas de suas instituições sempre estiveram lá. Nós também somos assim. Por exemplo, sempre vemos jogos de beisebol, mas quem de nós já pensou em perguntar ou descobrir por que os uniformes de beisebol são basicamente brancos ou cinzentos, ou quando foi decidido que três "strikes" faziam um "out"? Da mesma maneira, conforme o *budo* se estabeleceu no Japão, devem existir questões para as quais nem um sensei nascido no ocidente, nem um japonês, saberia a resposta.

Este livro é para o tipo de pessoa que faz essas perguntas. Não é, de forma alguma, uma introdução simples ao *budo* japonês. Na verdade, é para os curiosos que vivem nos *dojo* de diferentes tipos de *budo*. É para as pessoas que se perguntam "por que vestimos isso?" e "por que isso se chama assim?". Este livro não vai torná-lo uma autoridade nos assuntos relacionados às artes e à vida marcial dos japoneses. E tampouco contribuirá para aprimorar sua técnica. Estas artes fantásticas não podem ser aprendidas lendo, só transpirando e treinando com um professor competente. Mesmo assim, se você é do tipo de pessoa que quer saber e que faz essas perguntas, espero que este livro seja útil. E se você estiver interessado em identificar qualquer charrete dos Amish que passar no seu caminho, eu também posso ajudar com isso.

1

O DOJO

Você vai entrar — ou pelo menos você deveria — pelo lado da sala oposto ao que é considerado a "frente". As razões para uma entrada dessa maneira são tanto estéticas quanto marciais em suas origens. No caso do Japão, é claro, as duas são frequentemente interligadas. A frente da sala, que você vê quando entra, é o *kamiza*, o "assento mais alto". Seu oposto, o lado pelo qual você entrou, é o "assento inferior", ou *shimoza*. A sua direita, olhando para a frente, é o lado da sala chamado de *joseki*; à esquerda, fica o *shimoseki*. Assim concluímos um passeio completo em um *dojo* tradicional, o espaço interno para treinamento de disciplinas marciais. Guarde de cabeça esses pontos cardeais e é isso. Fim da excursão.

Se você se interessa por esse tipo de explicação superficial, parabéns. A cultura japonesa em geral e especialmente o *budo* serão elementares para você. Mas, se é do tipo que fica por lá depois que a excursão já terminou oficialmente, chega perto do guia e pergunta baixinho: "Hum, você pode me contar um pouco mais sobre isso?", bem, então terá um longo e árduo caminho pela frente. Não será fácil ter a sua curiosidade satisfeita. Você não encontrará respostas simples. Na verdade, quanto você descobrir, mais interessado estará em ver o que tem depois da próxima curva, que outras profundezas existirão para serem exploradas. O Japão e a cultura japonesa não são tão exóticos e estranhos quanto os ocidentais costumam pensar. A imagem que os ocidentais fazem do Japão foi em geral criada por pessoas, tanto japonesas quanto não japonesas, que querem fazê-lo parecer mais misterioso do que ele é. Entretanto, é uma tolice ou arrogância pensar que não há diferença em entrar em um *dojo* tradicional de estilo japonês ou, digamos, em um boliche pela primeira vez. Existem profundas diferenças. Em muitos casos, se você está interessado em compreender o que acontece naquele *dojo*, deve estar preparado para comprometer uma grande, grande mesmo, parte da sua vida nessa busca. O Japão se desenvolveu como um país e uma cultura de formas muito diferentes das que conhecemos no Ocidente, portanto, seu caminho será um tanto mais difícil do que se você escolhesse seguir com a mesma intensidade e esforço uma arte ocidental. Não é nada fácil continuar viajando, continuar explorando. Não é uma estrada fácil de ser trilhada. Mas você pode segui-la, e se o fizer, saiba que verá paisagens, descobrirá conceitos, compreenderá verdades que outras pessoas não tão interessadas em seguir um caminho assim jamais conhecerão.

Alguns leitores devem saber da existência das duas "faces" do comportamento japonês, *tatemae* e *honne*. Estas são, respectivamente, a conduta que o japonês deve mostrar ao mundo — o rosto que mostram para as pessoas que estão fora de seus círculos de conhecidos íntimos — e os verdadeiros sentimentos dele que podem frequentemente ser opostos. Esses sentimentos reais nunca estão à mostra e só podem ser partilhados com pessoas íntimas, se o forem. A arte japonesa e outros aspectos de sua cultura tradicional têm muitos exemplos semelhantes do que está pelo "lado externo" e o que está escondido em seu interior. Essas facetas são chamadas, entre outras formas, de *omote* e *ura*. O lado *omote* de uma arte são as técnicas visíveis e suas manifestações. O *omote* de um *kata*, por exemplo, pode ser o que um observador desinformado quanto ao treinamento vai pensar que é uma sequência de combates combinados com antecedência. Uma espada é colocada contra outra, bloqueando um ataque no meio de uma sequência de ataque e defesa. A face *ura* do mesmo movimento, entretanto, pode ser completamente diferente. O suposto bloqueio pode ser na verdade um golpe, cujo significado está oculto por uma distância enganadora entre os dois praticantes. Ou pode ser uma maneira de anular um movimento agressivo do oponente, forçando-o a ficar em uma posição desajeitada com sua arma, o que o deixa vulnerável. O que quero dizer é que, quando se começa a considerar as ramificações de *omote/ura*, raramente uma rosa é uma rosa. Ela pode, na verdade, nem ser uma flor. E o que se vê na superfície é quase inevitavelmente apenas uma fração do que está escondido por baixo.

O fato de existir um significado mais profundo abaixo da superfície é, como eu disse, um tema constante na cultura tradicional japonesa. Por que é assim, aliás, por que isso é tão frequente no Japão, é uma questão para os sociólogos e seus semelhantes. Minha suspeita é de que tais camadas são resultado natural de uma sociedade muito homogênea, em que valores, expressões e conceitos mutuamente aceitos podem ser cultivados ao longo do tempo para se desenvolverem em múltiplas dimensões. A posição de uma pessoa dentro de determinado grupo, tanto quanto seu conhecimento ou sua sensibilidade, pode ser julgada por diversas camadas de significados que podem ser penetrados. Também é importante notar que essa tendência pode se desenvolver em um tipo de afetação ou artificialidade. "Você não sabe que pêssegos servidos antes do solstício devem ser cortados em dezesseis fatias, e que devem ser cortadas em oito após o solstício? Que bobagem!" A composição da cultura japonesa que surgiu desta maneira extremamente fechada e homogênea creio ser um fator primário para gerar essas múltiplas camadas de significados. E também foi suscetível a esse pedantismo. A arte da composição de jardins e da arquitetura, por exemplo, inclui a noção de *miegakure*. Literalmente, isso significa "escondido da vista". Mas *miegakure* carrega em si a conotação de "deliberadamente escondido da visão ordinária". Uma pessoa comum caminha por um jardim japonês observando as árvores trabalhadas, as pedras desgastadas, as lanternas e tudo o mais, completamente desatento quanto ao caminho sob seus pés. Para o conhecedor, entretanto, esses mesmos caminhos oferecem uma vida inteira de estudos e apreciação. Aqui os caminhos são suaves, fazendo que a pessoa ande mais rápido. Lá, as pedras são ásperas, irregulares, ou escarpadas, fazendo que o visitante vá mais devagar. São facetas do espaço do jardim, deliberadamente planejado pelo artista, que terá desejado que os visitantes se movam em certa parte e que se detenham em certo ponto. Os diferentes caminhos estão lá para facilitar isso. Mas você tem de parar um pouco ou ter a presença de espírito para realmente vê-los.

Com isso em mente, não deveria ser uma surpresa que a dicotomia do óbvio e do sutil possa ser encontrada (ou não percebida) não apenas nas artes praticadas no *dojo* mas também no *dojo* em si. O *omote* é fácil de ser visto. Pare um pouco e observe e você perceberá o *ura*.

É compreensível que o modelo cultural inconscientemente adotado pelos praticantes do *budo* moderno ao criar seus próprios *dojo* seja o de um ginásio. É um modelo razoável, pois a superfície do *budo* representa a atividade física. A maioria dos lugares devotados ao treinamento de artes marciais no Ocidente é feita ou organizada desse modo — como um tipo de ginásio. Entre em um, e perceba como é semelhante a uma sala de aula de aeróbica, exceto talvez por um *shomen* ou um *kamidana* parecido com uma estante, ou o retrato de algum mestre da arte. Lembro-me de ter visitado um *dojo* de aikido no qual os banheiros e vestiários ficavam de fato atrás da parede da frente, o que é, como veremos, o lugar que se considera a parte mais importante da área de treinamento (será apenas uma coincidência que este *dojo* tenha sido o lugar mais frio e menos amistoso em que já treinei?). Para ser justo, com frequência o *dojo*-ginásio não é feito assim por ignorância ou por falta de sensibilidade, mas por necessidade. O grupo que treina lá deve dividir o espaço com atividades diferentes, que não são ligadas ao *budo*. Ou o lugar pode ter sido renovado, aproveitando a arquitetura e o espaço disponível. Mas, em alguns casos, o *dojo* é igual a um ginásio ou academia de ginástica apenas porque as pessoas que os constroem não sabem como fazer de outro modo. Elas parecem desconhecer, ou saber apenas superficialmente, que, em um sentido mais profundo, as artes e os Caminhos marciais do Japão se preocupam intimamente com questões do espírito e não apenas com o treinamento físico. Assim, ao mesmo tempo que o *dojo* pode parecer um ginásio, suas inspirações históricas, literal ou esteticamente, são o templo e o santuário. A própria palavra é originariamente budista.

Dojo se refere ao lugar em que algumas práticas budistas são feitas. Por exemplo, uma sala usada para meditação zen também é chamada de *dojo*. *Jo* significa "lugar". O lugar em que o treinamento é conduzido ou onde são feitas demonstrações formais de artes marciais, ou *embu*, é chamado de *embu-jo*. Um *shiai-jo* é o lugar onde acontecem as competições de *budo*. Se você treina ao ar livre ou em um lugar não especificamente devotado ao treinamento do *budo*, tecnicamente não está em um *dojo*, e sim em um *keiko-jo*, um "lugar de prática". *Do*, é claro, se refere ao "Caminho", uma disciplina ou uma arte. Portanto, um *dojo* é o lugar para se seguir o Caminho.

É importante notar que esse "lugar", na longa história das artes marciais japonesas, não necessariamente se referia a um prédio ou construção. As disciplinas de luta empregadas pela classe samurai, desde seu princípio reconhecida como uma casta no século IX, eram em geral praticadas ao ar livre. As razões para isso são óbvias. Poucos líderes de clãs, ou *daimyo*, teriam condições financeiras para construir um lugar especial dedicado exclusivamente às artes marciais neste ponto do desenvolvimento do Japão. E, o que é mais importante, como na verdade poucas lutas verdadeiras ocorriam sobre pisos lisos de madeira, protegidos das intempéries, não era prático treinar sob essas condições. A prática e as aulas em geral ocorriam em espaços abertos, campos não cultivados, pátios, ou talvez em amplos *engawa*, terraços que rodeavam moradias mais suntuosas. Por volta da metade do século XVI, a arquitetura dos castelos rapidamente se expandiu junto com as fortunas dos *daimyo*. Fortalezas enormes e frequentemente muito elaboradas, como a que foi construída por Toyotomi Hideyoshi (1535-1598) em Himeji, foram construídas para abrigar exércitos samurai. Muitas destas estruturas incluíam o que podemos considerar o *dojo* de artes marciais ou, ao menos, espaços internos grandes ou salões que poderiam ser usados para treinamentos e instruções. Mesmo assim, os samurai passavam uma grande parte do tempo aprendendo como lutar ao ar livre e em todos os tipos de climas.

Atualmente, embora esse tipo de prática necessite de poucos requisitos (ao contrário de artes como o judo, que necessita de um tatami especial, tornando-o nada prático), todo budoka deveria, ao menos de vez em quando, treinar ao ar livre. Isso permite uma perspectiva diferente e valiosa sobre a própria arte e suas habilidades, e envolve desafios que, normalmente, não são encontrados na prática em ambientes fechados. O treino ao ar livre em diferentes estações e climas coloca o budoka em contato com os ritmos, observações e impulsos que tiveram uma grande e íntima influência no *budo*. Esse tipo de treinamento é chamado de *yagai-geiko* ou *no-geiko* ("treinamento no campo"). Se você participar de um deles, no sentido estritamente técnico, não estará treinando em um *dojo*. Na verdade, você terá um *keiko-jo*, mencionado anteriormente, ou um *keiko-ba*, um "espaço para treinamento" (é importante notar que no mundo do *sumo* as áreas ou espaços em que ocorre o treinamento não são chamados de *dojo*. Os *sumotori* vivem em *heya* ou *beya*, traduzidos literalmente como "estábulo", e treinam em *keiko-ba*, a palavra usada para a prática real. A razão para isso? Provavelmente porque as raízes do *sumo* não têm nada que ver com o budismo, mas estão mergulhadas no xintoísmo nativo, então o vocabulário do budismo, incluindo palavras como *dojo*, nunca fizeram parte da tradição do sumo).

Mas, retornando ao assunto da organização estrutural do *dojo*, devemos lembrar que, com toda a sua simplicidade exterior, estruturado nas linhas de uma construção destinada a exercícios espirituais ou religiosos, o *dojo* tradicional é dividido geometricamente em uma matriz complexa. O *kamiza* é a parede frontal do *dojo* — a parede em que fica o *kamidana*, ou o santuário do *dojo*. (A nomenclatura é confusa. A frente do *dojo* pode ser chamada de *kamiza*, mas essa palavra pode ser usada também para o próprio santuário. Se for necessário fazer uma distinção, a parede da frente do *dojo* também pode ser chamada de *shomen* ou, em uma tradução livre, a "parte superior". E mesmo podendo ser chamado de *kamiza, kamidana* é a palavra mais usada para o santuário.) O lado oposto é a parede *shimoza*, em que normalmente se localiza a entrada do *dojo*. Do lado direito fica o *joseki*, a "lateral superior"; à esquerda fica o *shimoseki*, ou parede do "lado inferior".

Tradicionalmente, mas não sempre, existe um espaço elevado contra a parede do *kamiza*, um *shinden* — um espaço onde, nominalmente, o fundador da arte marcial que está sendo praticada se sentaria, como também faria qualquer membro da família imperial japonesa que passasse por lá. A realeza e o *soke*, ou fundadores do *ryu*, não costumam ser visitas frequentes, assim o *shinden*, se houver um no *dojo* hoje em dia, é um espaço elevado em grande parte simbólico. Outro termo usado para isso é *agari zashiki*, ou "lugar elevado". Provavelmente ele surgiu da necessidade cultural de se separar o líder da família, clã ou arte dos demais membros quando todos se reúnem em uma casa ou salão. No antigo Japão, em certa época, essa parte da sala seria separada por um tatami no chão, enquanto o restante da área teria piso de madeira ou terra. Como o tatami ficou mais comum e acessível, salas inteiras podiam ser cobertas com ele, portanto, foi necessária uma nova maneira de se fazer a distinção. Alguns historiadores sugerem que essa separação de um espaço especial em uma sala foi o impulso por trás da evolução do *tokonoma*, ou alcova, que é familiar a quem já passou algum tempo em uma casa japonesa formal ou em uma cabana de chá. Talvez o *shinden* se desenvolveu pela mesma razão. Mas ele não é absolutamente universal na arquitetura do *dojo*. Em um *dojo* menor, o espaço é muito valorizado. Nesse caso, o *shinden* como parte diferenciada e elevada da sala que seria usada unicamente em cerimônias não é uma opção frequente. Em um *dojo* maior será mais comum encontrá-lo, separado, em alguns casos, por uma pequena balaustrada. Recentemente, alguns norte-americanos que planejavam um *dojo* no centro da comunidade nipo-americana deram uma olhada no *design* de um *dojo* tradicional e decidiram que o *shinden* seria um tipo de "palco". Assim, seus esquemas buscaram fazê-lo maior para "ficar melhor que nas plantas tradicionais", e este seria um "palco maior" para acomodar os artistas que eles imaginaram que o usariam. Felizmente, antes que a construção começasse, um praticante de artes marciais mais culto que fazia parte da equipe de planejamento notou o erro e explicou aos arquitetos o que seria um *shinden*.

Quando a aula começa com uma reverência formal, de pé ou em posição sentada, os membros do *dojo* se alinham a partir do praticante mais antigo do *joseki* ao *shimoseki*, da parte "superior" à "inferior". Eles se reúnem da mesma maneira no fechamento da aula. Existe uma linha, invisível, mas indubitavelmente presente, de demarcação entre os dois lados. Normalmente, ela é desenhada no ângulo reto da prateleira do santuário xintoísta, especialmente se essa prateleira fica no centro do *dojo* (o professor normalmente se coloca em frente do *kamiza* seguindo essa linha. O lugar dele é chamado de *yokoza*. *Yoko*, aqui, significa "raio" ou "ângulo que cruza na horizontal". *Za* significa lugar em que algo ou alguém se senta; daí derivam *kamiza*, "assento superior", e *shimoza*, "assento inferior"). Durante o treino, os praticantes mais antigos tendem a ficar no lado direito a partir da linha central do *dojo*, mais perto do *joseki*. Os mais novos treinam no outro lado, o lado *shimoseki*. Quando eles interagem, a pessoa na posição de iniciar a ação vem do *joseki*. Em situações em que as atividades exigem o posicionamento dos praticantes na extensão do *dojo*, a posição do mais antigo é de costas para o *kamiza*, e os mais novos de frente para o *kamiza*. Ou — apenas para tornar tudo mais interessante — pode ser exatamente o contrário do que eu descrevi.

A planta aqui delineada é baseada em um *dojo* onde se pratica um *koryu*. Os *koryu* (escolas antigas) são as artes que precederam o *budo* mais popular e difundido de hoje em dia. Elas continuam no Japão e no exterior de maneira limitada. Tendo em vista seu tempo de existência e sua proveniência, é possível dizer que o *koryu* e o *dojo* podem ter um grau correspondente de conhecimento e realização de tal etiqueta e da aparência do espaço. O moderno *budo* de preferência deve seguir os ditames da configuração clássica do *dojo* para o judo, karate-do, aikido, kendo e todas as demais artes combativas que evoluíram no Japão pós-feudal. (Embora nem sempre, pois o *kodokan*, por exemplo, que é a casa do judo, tem os alunos mais antigos e os mais novos em lados do *dojo* opostos à maneira que acabei de descrever.)

Entretanto, é importante lembrar que os *koryu* se desenvolveram em linhas semelhantes em alguns sentidos e, em grupos distintos, em outros. Nunca houve uma identidade única. Isso inclui os rituais dos que se sentam ou dos que treinam lá. As tradições locais devem prevalecer em alguns *dojo* de *koryu*. Em alguns *dojo* rurais no antigo Japão, os membros mais antigos se sentavam à esquerda do centro. De fato, era no lado esquerdo do *dojo*, virado para a frente, que ficava o *joseki*. Por quê? Possivelmente porque, em sociedades agrícolas, o filho mais velho se sentava à esquerda do chefe da família durante as refeições. Aliás, essa é uma explicação para a expressão *sayonara*. Ela pode significar "a pessoa da esquerda foi ouvida". Em outras palavras, a família se reuniu para o café da manhã, o pai falou, e também o segundo em comando (o filho mais velho), e, portanto, as atividades do dia podem ser iniciadas. Por essa perspectiva, o lado esquerdo da sala seria considerado o lugar dos mais antigos. Necessidades impostas pela configuração da construção também podem influenciar esse posicionamento. O que quero dizer é que não se deve pensar que um *dojo* está "errado" por ser organizado de forma diferente da que descrevi como ideal.

A etiqueta tradicional, mesmo podendo variar de um lugar para outro, também especifica detalhes como, por exemplo, com que pé deve se aproximar ou se afastar do *kamiza* e em que direção se deve virar primeiro ao se mover na área de treino. Algumas dessas movimentações têm origem em influências budistas. A pessoa deve se aproximar do altar de um templo budista com um pé específico "comandando" o movimento, dependendo da direção da qual foi iniciada a aproximação. O movimento de se afastar do altar também é feito em uma direção prescrita. Raramente existe um memorial budista em um *dojo*, mas o costume de se aproximar e se afastar do *kamiza* com um pé específico permanece em muitos *dojo*. Outras razões para se caminhar em diferentes direções com um pé específico à frente estão relacionados com o fato de que a maioria das armas são carregadas na mão esquerda ou usadas do lado esquerdo. O movimento em determinada direção diminui a possibilidade de se atingir alguém acidentalmente.

Essa atenção de como e de que modo se mover em um *dojo* nunca foi uma questão a ser totalmente explicada a um novo aluno. Antigos *dojo* de artes marciais tendiam a ser habitados por grupos de homens que lutavam e que compartilhavam seus relacionamentos íntimos em termos de família, clã ou lealdade a um líder. A cultura japonesa sempre dependeu do ato de se aprender por meio de um processo de absorção. Um jovem, ao entrar no *dojo* pela primeira vez, começaria a observar, ver como os mais antigos se comportam, para depois imitá-los. Talvez recebesse uma palavra aqui ou outra acolá, uma correção ou uma breve explicação. Certamente, essas "explicações" poderiam incluir um tapa na cabeça ou um chute no traseiro, tudo parte do *kawaigari*, a "atenção cuidadosa dada no *dojo*". Para a maioria, entretanto, em uma unidade coesa como o *dojo*, as lições de conduta sempre foram mais uma questão de assimilação, algumas vezes de modo inconsciente (a chegada de estranhos ao *dojo* tradicional, especialmente de estrangeiros que começaram a treinar artes marciais clássicas após a Segunda Guerra Mundial, trouxe enorme tensão a essas convenções. Os efeitos dessa mudança, de se permitir a entrada de "forasteiros" em uma sociedade tão fechada, continuam a ter sérias repercussões ainda hoje. De algum modo, este livro que você está lendo é uma séria tentativa de se lidar com algumas dessas repercussões). A questão que se apresenta a nós neste momento não é como a etiqueta era ensinada, mas por quê. Para que propósito servem essas formalidades? O que se ganha por ter atenção e se observar esses rituais antigos? No passado, a arquitetura do *dojo* tradicional e a *reishiki* (etiqueta) a ela associada tinham ao menos três funções: primeiro, a colocação do sensei à frente, mais antigos à direita e mais jovens à esquerda permitia ao professor o máximo de proteção contra intrusos. No Japão, com sua longa história de guerras mortíferas, muito do que se chama etiqueta está relacionado com preocupações de combate. Seja em uma cabana de chá criada para o exercício do *chado*, a cerimônia do chá, ou no *dojo*, sempre existiu uma preocupação subjacente quanto à proteção. Não necessariamente pela autoproteção, veja bem, mas a proteção do grupo, o que no *dojo* significa a proteção do professor; pense no *dojo* desse modo, como uma colmeia, o mestre é a abelha-rainha que deve ser protegida mesmo contra o mais improvável dos perigos. Em segundo lugar, a arrumação encobria a explicação do mestre, que era dada na frente do *dojo*, contra o olhar curioso de alguém que tentasse observar através da entrada do *dojo*, que ficava ao fundo. Em terceiro lugar, a arrumação refletia, como notamos, certos rituais de devoção budista.

Essas convenções, então, detalham o *omote*, o que é observado, facilmente perceptível, e as razões aparentes pelas quais o *dojo* é construído e o porquê de as pessoas agirem de maneira predeterminada quando dentro dele. E o *ura*? O que está escondido, que não pode ser facilmente visto ou compreendido? O *ura* das coisas japonesas, como já vimos, não difere dos mecanismos internos de qualquer cultura elaborada e sofisticada. Elas se organizam em camadas, repletas de nuances. É essencial compreender que, quase sempre, há algo mais a ser revelado se uma pessoa olhar com mais atenção e mais profundamente. Apenas o mestre ou o tolo explicam com alguma convicção o significado total que existe além do óbvio. O mestre só poderá fazer isso para pessoas que ele conhece e nas quais tem sua absoluta confiança. O segundo, o tolo, oferece sua "autoridade" gratuitamente, que é mais ou menos o que ela vale. Não há muita dúvida de que eu estou mais para tolo que para mestre. Mas, quando se trata de se revelar "segredos", eu sou cauteloso. É fácil acreditar que alguém está abrindo com um floreio uma cortina de veludo para revelar ao leitor um amplo e maravilhoso panorama, quando na verdade tudo o que ele está fazendo é abrindo uma brecha minúscula em uma janela embaçada — uma janela que fica de frente para um abismo apenas. Na esperança de evitar um potencial embaraço, minha abordagem quanto a revelar ao menos um relance do *ura* do *dojo* é fechar minha aposta oferecendo não meu ponto de vista do assunto, mas apresentar o ponto de vista de outra pessoa. Neste caso, uma professora de cerimônia do chá, levemente embriagada.

Anos atrás, participei de um banquete no Japão que durou horas e no qual foram servidos muitos pratos e generosas quantidades de saquê e cerveja. Tão generosas que todos os outros participantes que estavam comigo acabaram tão embriagados que tive de levá-los para casa. Eu não tinha licença para dirigir no Japão, não tinha experiência em dirigir do lado esquerdo de ruas tão estreitas que pareciam não ter largura suficiente para ter dois lados, e eu estaria preso até hoje se tivesse sido parado. Mas antes da minha aventura na direção, eu estava no jantar, sentado perto de uma sensei de *chado*, uma mestra da cerimônia do chá. Como ela já praticava o *chado* antes de eu ter nascido, adorei o convite para ir à casa dela e assistir a uma de suas aulas, poucos dias depois. Naquela noite, em vez de me servir de saquê, eu colocava saquê no copo dela. Mais de uma vez. Quanto mais eu colocava, mais ela falava. Já estive em circunstâncias semelhantes com sensei de outras artes. Sempre tive a fantasia de que, entorpecidos com a bebida, eles poderiam deixar "escapar" algum segredo de suas artes. Isso nunca aconteceu — ou talvez tenha acontecido e eu nunca percebi. Em vez de me contar os segredos, ela queria conversar sobre o time de beisebol da minha cidade nos Estados Unidos, um time que eu sempre detestei. Mas eu estava tentando. Inesperadamente, ela se virou para mim e perguntou, "Você já considerou o Tao no *chashitsu*?". (Um *chashitsu* é uma cabana de chá de quatro tatamis e meio.) Imaginei que a pergunta era um jogo de palavras que eu não estava compreendendo. Mas ela pegou um pedaço de papel, desenhou as dimensões do *chashitsu* e encheu o desenho com kanjis e linhas. Enquanto eu observava o diagrama, ela disse: "As pessoas não percebem o quanto o *chado* tem em comum com o taoismo". "O *budo* não é diferente", ela acrescentou. "Você já considerou o Tao no *dojo*?" Então ela se virou para outra pessoa e começou a conversar sobre outra coisa, absolutamente diferente. E eu fiquei ali, imaginando.

Nos anos que se seguiram, pensei sobre os comentários da sensei. Não tenho certeza absoluta sobre o que ela quis dizer, mas aqui estão minhas conjecturas.

O diagrama que a sensei me mostrou era sobre os cinco elementos taoistas que se ligam, entre outras coisas, à formação e dissipação da energia. Esses elementos estão ligados em várias formulações a todos os tipos de fenômenos, incluindo o tempo, os pontos cardeais e certas características humanas. Em seu desenho da planta da cabana de chá, a sensei descreveu essas direções e suas características correspondentes. Comparei esse desenho ao de um *dojo* tradicional. O resultado é intrigante.

Entramos no *dojo* pelo lado oposto ao *kamiza*, o *shimoza*. Se pensarmos que o *kamiza* é o norte, o *shimoza* se torna o sul. De acordo com a cosmologia taoista, o sul se associa ao elemento fogo, que se associa ao intelecto e detalhes de etiqueta referentes à interação humana. É nosso intelecto — ou desejo consciente de aprender — que nos leva à entrada do *dojo*. Mas o fundamental é que na entrada do *dojo* devemos deixar de lado nossa racionalização. É uma coisa difícil, às vezes impossível para algumas pessoas. Paramos na entrada do *dojo* cheios de ideias e expectativas sobre como será a experiência. Absolutamente nenhuma dessas ideias preconcebidas se baseia em alguma experiência. Na verdade, é possível que tenhamos lido algo sobre isso ou mesmo escutado amigos falarem sobre o assunto, ou vimos um *dojo* em algum filme. Além dessas ideias, o recém-chegado vem ao *dojo* cheio de convicções sobre si mesmo — sobre seus pontos fortes e fracos, sobre suas necessidades especiais e limitações. Em quase todos esses casos, pelo menos no que concerne ao *budo*, todas essas ideias são irrelevantes. Iniciantes que aparecem no *shimoza* cheios de preconceitos devem ser preparados para deixá-los todos lá na entrada. Eles deveriam lembrar que se realmente soubessem mais sobre o que acontece dentro do *dojo* do que as pessoas que já estão lá, eles não estariam na entrada agora. E deveriam aceitar que as pessoas que estão lá dentro já estiveram também no *shimoza*, igualmente inseguros quanto às suas habilidades. Os iniciantes não irão muito além do lado *shimoza* do *dojo* a menos que deixem de lado suas opiniões e se abram para os ensinamentos da arte.

Ao entrar no *shimoza*, os iniciantes descobrem que essa experiência é muito cerebral, mesmo quando eles deixam seus preconceitos de lado. Sem um pensamento cognitivo constante (e mesmo às vezes com um), os iniciantes tropeçam e se perdem. Eles são incapazes de fazer algo instintivamente. É no *shimoza* que os novatos começam a aprender o *reishiki* que lhes permite que se conduzam com dignidade no *dojo*, que pratiquem a segurança em um ambiente de perigo e que desenvolvam a consideração pelos outros. Um fator fundamental é que o *reishiki* deve iniciar na porta do *dojo* — e, idealmente, deve continuar além dela depois do fim do treino.

O lado *joseki* do *dojo* está à direita e ao leste, e pelo ciclo taoista dos elementos, corresponde à madeira e aos valores da virtude e da caridade. O *joseki* é a posição ocupada, como vimos anteriormente, pelos mais antigos quando estes se reúnem e durante a prática. Entretanto, pensar nesse espaço como um "clube dos mais velhos" seria um erro. No lado *joseki* do *dojo*, é preciso haver uma intensidade e uma sobriedade na prática que intimide os membros mais novos. Se o *dojo* for bom, também haverá um sério sentido de responsabilidade e de comprometimento da parte dos membros mais antigos em relação aos novatos. Esse sentimento com frequência não está presente no *dojo* comercial, mais moderno, onde são estabelecidas obrigações para os novatos, que frequentemente são lembrados dessa posição. Eles são confrontados com cobranças, taxas para exames, coisas assim, e com frequência devem efetuar tarefas para a manutenção do *dojo*. Os iniciantes são tratados como intrusos e incompetentes pelos membros antigos que acham que podem dar ordens, ou que agem como se fossem superiores. Em um *dojo* tradicional, entretanto, as obrigações são equilibradas. É verdade que os novatos devem sentir que sua presença significa que os mais avançados devem diminuir seu ritmo de treinamento para se adequarem. Os iniciantes também deveriam entender que, como recém-chegados, eles devem se encaixar no ambiente e fazer sua parte. Contudo, os mais antigos membros do *dojo* também devem compreender que o futuro de sua arte depende das sucessivas gerações que irão recebê-la, aperfeiçoá-la e levá-la adiante. Sem os novatos, os membros mais antigos podem continuar a refinar sua arte, mas para que finalidade? Ninguém estará por lá para herdá-la. É por isso que no *dojo* os praticantes mais adiantados do lado do *joseki* têm a obrigação de educar os mais novos e levá-los adiante.

Há muito que se falar sobre a importância dessa distinção crucial como característica do *dojo* clássico de *budo*. Em particular, há um contraste dramático no que vemos em escolas de artes marciais de linha mais moderna — ou ao menos não tão tradicionais. Nas modernas salas de treinamento de artes marciais, especialmente nas que se dedicam a artes que possuem elementos esportivos, a ênfase frequentemente é maior em se desenvolver campeões. A meta é se criar um quadro de alunos ilustres que representarão bem a escola e servirão como chamariz para trazer novos alunos. O *dojo* tradicional não se baseia nessas considerações comerciais. Seu modelo é inspirado na unidade de samurai organizada para a batalha. Pense desta maneira: se um exército lança uma campanha com poucos homens talentosos em suas linhas, pode ser que esses homens vençam cada uma de suas batalhas individuais. Suas vitórias, porém, não significam muito se o exército como um todo é derrotado. Em outras palavras, um exército ou um *ryu* ou um *dojo* é tão forte quanto seu elo mais fraco. Assim, a atenção deve estar em se desenvolver ao máximo os membros que possuem menos habilidades. Em um *dojo,* estes serão os principiantes. E apenas com a atenção cuidadosa dos mais antigos é que esses elos serão fortalecidos. O fortalecimento é sempre a preocupação principal do lado *joseki* das coisas. O *joseki* nesse *dojo* tradicional é então menos uma posição de privilégio que de responsabilidade.

É interessante notar que na concepção taoista da construção como um esquema cosmológico, o *joseki* não é associado com o poder por si só. Na verdade, é o lugar onde o conhecimento e a experiência desembocam. Os mestres de *budo* e os praticantes mais adiantados, dos quais o egotismo e a arrogância parecem ter se desenvolvido bem em alguns casos, deveriam ponderar sobre o significado dessa posição no *dojo*.

Ao norte, fica o elemento água, ao qual o pensamento taoista associa a sagacidade. Este é o lado *kamiza* do *dojo*, o assento "divino" ou "superior", em que se imagina que as deidades do *dojo* residam, ou ao menos estão representadas. Independentemente das crenças religiosas dos praticantes de *budo*, o *kamiza* e o *kamidana* (santuário) que lá se localizam são para eles o centro espiritual do *dojo*. Praticamente, todos os objetos encontrados ali reforçam essa atitude: o santuário xintoísta em si e todos os seus equipamentos devocionais, a alcova do *tokonoma* com sua oferenda de flores, e, em muitos dos *dojo* atuais, o retrato do fundador da arte ou alguma outra imagem conectada à arte. Mesmo que algumas pessoas não prestem atenção ao "sentimento" que emana do *kamiza*, não há dúvida de que um *kamiza* construído e mantido corretamente contribui significativamente para o moral da sala de treinamento. De modo poético, podemos imaginar que os elementos de água do *kamiza* banham a área a sua frente com as tradições acumuladas da arte. É típico da praticidade taoista reconhecer que um ponto focal como o *kamiza* pode elevar a seriedade a sua volta e ajudar no direcionamento da sensibilidade dos praticantes para metas mais espiritualizadas.

O lado esquerdo do *dojo* é o *shimoseki*, que é associado na cosmologia taoista com o elemento metal e com a característica da retidão. É no lado *shimoseki* do *dojo* que os novos membros concentram suas atividades. A qualidade principal que os praticantes devem ter ao entrar no *dojo* e começar sua prática deve ser um sentimento de "retidão" moral com relação ao que estão fazendo. Eles devem crer que os mais antigos desejam apenas o melhor para eles e que estes mais graduados esperam que eles desejem o mesmo. Portanto, é natural que, no plano taoista, a retidão seja o componente dominante do *shimoseki*. Então, o *shimoseki* é menos importante que o *joseki*? Não pela visão taoista, como já vimos ao examinar o papel dos praticantes mais antigos no *dojo*. O lado *joseki* do *dojo* está sempre sob a observação do *shimoseki*. Guiados pelos altos padrões de retidão de sua arte, os principiantes observam e avaliam os mais antigos. As ações e o estilo de vida dos mais antigos estão de acordo com os ideais de sua arte? Os mais antigos exigem dos mais novos mais do que eles mesmos podem fazer? Os praticantes mais antigos às vezes acreditam que suas falhas são imperceptíveis para os alunos novatos. A verdade é que os novatos podem ser perspicazes. Eles podem perceber a hipocrisia se ela estiver presente, não importa quão grande seja o *dojo*. Eles podem não saber o que falta, tecnicamente, na atuação de um praticante mais antigo. Mas, ao observar o treinamento e todas as demais atitudes no *dojo*, eles podem tirar conclusões acertadas sobre qualquer diferença entre o que é dito e o que é praticado. Quadros inspiradores, epigramas emoldurados ou listas de valores ou metas da arte são coisas encontradas principalmente em um *dojo* que quer "agradar" a um possível cliente. Em um *dojo* mais sério, tais lembretes são supérfluos. O verdadeiro coração do *dojo* está sempre demonstrado de modo mais dramático. Está sempre em plena vista, mas nunca é tão claro quanto à visão dada pelo lado *shimoseki* das coisas. O principiante sábio o usa assim — como uma perspectiva, por onde determina se vale a pena ou não permanecer nesse *dojo*.

A área final a ser considerada no mapa do *dojo* é o centro — o espaço em que estão os praticantes de todos os níveis. É aqui que o conflito se inicia, onde há o confronto e a decisão. Aqui, as racionalizações ou as desculpas, sejam elas inteligentes ou sensatas, são insuficientes. Aqui, no centro da área de treinamento, os budoka são convocados para produzir, para oferecerem o melhor de si, sem dar desculpas. Apesar de parecer fácil no campo abstrato, a tentação de protestar ou de engrandecer o ego às vezes é quase insuperável. "Sim, aquela imobilização foi dolorosa, mas a pessoa que me imobilizou estava usando apenas a força bruta — nada de técnica", "Ah, eu não consegui terminar aquele último exercício, a gripe me derrubou", "Eu não sei onde estou com a cabeça hoje, não consigo me concentrar" — essas explicações para cada falha ou falta de esforço surgem quase naturalmente. Ao protegermos nosso senso de identidade, estamos ávidos para recorrermos às desculpas, silenciosamente para nós mesmos ou em voz alta para os demais. Mas, no coração do *dojo*, as desculpas não têm significado. O que importa é o que fazemos ou o que deixamos de fazer. Nenhuma desculpa é necessária ou suficiente. O centro do *dojo*, o verdadeiro espaço de treinamento, é chamado de *embu-jo*. Já mencionamos essa palavra anteriormente. *Jo* é o mesmo de *dojo*, um "lugar". *Bu* é "marcial", como na palavra *budo*. *Em* significa "arte". O *embu-jo* não é um lugar para conversas. Ou para teorias. Nele apenas nossas ações importam. Talvez nas outras partes do *dojo* possamos encontrar momentos para observar ou imaginar. Mas onde o treinamento é realizado, o que importa — e tão somente o que importa — é o que fazemos. Não deve surpreender o fato de que o *embu-jo*, que corresponde ao elemento terra, é identificado com o atributo da honestidade. O *embu-jo* do verdadeiro *dojo* é uma afirmação firme, suada, às vezes assustadora, contra toda a pretensão que frequentemente o rodeia (ou, mais exatamente, que rodeia e exemplifica suas pálidas imitações), contra todas as insígnias e suas ridículas reivindicações. Eu estive em um *dojo* assim quando visitantes não muito sérios chegaram, eles tinham títulos ou graduações absurdamente "inflados" ou autointitulados, e inventavam histórias fantásticas sobre seus feitos. Notei que essas pessoas costumam ficar pelos cantos do *dojo* ou na periferia. Se você perguntar por quê, dirão que é por respeito ao lugar. Talvez seja. Suspeito que também sentem algo sobre o *embu-jo* do *dojo*, o lugar em que a ação acontece. Imagino que elas entendem, mesmo que de maneira inconsciente, que não fazem parte desse lugar, onde nunca se sentirão realmente à vontade.

E assim se conclui um passeio meio alongado pelo *dojo*, espero que um passeio com um pouco mais de substância que um simples mapa dos lugares. Minha explicação sobre a configuração do *dojo* de acordo com a cosmologia taoista dificilmente pode ser considerada imutável. Como eu disse, é uma tolice imaginar ser possível explicar tudo o que está do lado *ura* de qualquer coisa. Talvez a forma do *dojo* não se origine totalmente do taoismo, ou mesmo coincida com ele. Ela pode estar mais relacionada, em diversas formas, com o *hogaku*, o método amplamente japonês de geomancia que mesmo atualmente é uma parte constante do currículo de muitos *ryu* de artes marciais clássicas. Mesmo assim, se existe um *do* no *dojo*, faz sentido que algo do Tao também esteja presente. As forças do Tao podem energizar a sala de treinamento de maneira sutil e oculta da percepção comum. Como sugeriu a sensei de chá, pensarei sobre isso.

2

VISITANTES

O-KYAKU-SAN

Se você leu o capítulo anterior sobre a disposição do *dojo*, terá percebido que parece estar faltando uma área. Em que lugar os visitantes se sentam ou ficam para assistir ao treino? Em um *dojo* comercial, atrair novos membros é um aspecto essencial para o professor e para os alunos. Alguns *dojo* fazem de tudo para se tornarem conhecidos. "Bem-vindos, visitantes" é uma frase frequente em seus anúncios e em suas publicações. Certamente, grande parte dessa atitude se deve ao custo de se manter um *dojo*. Além disso, deve haver um grande entusiasmo em relação ao *dojo*, e o desejo de se compartilhar isso. Muitos budoka têm um sentimento de "eu amo isso e não entendo como nem todos também amem isso; então, quanto mais, melhor". Essa atitude é compreensível. Mas não é razoável. O *budo*, praticado corretamente como deve ser, nunca terá uma enorme horda de seguidores. Não é que ele requeira um esforço sobre-humano. O *budo* não é tão esotérico ou difícil que não possa ser seguido por pessoas comuns. Mas requer um comprometimento e uma força de vontade para superar os incômodos, e uma constante capacidade de crítica que não está de acordo com a vida moderna. Dificilmente haverá um grande número de pessoas vindo para o *dojo*, mesmo que, depois do lançamento de um filme ou de um novo livro sobre artes marciais, a perspectiva da nova plateia temporariamente aumente bastante. Não há muita necessidade de uma área para visitantes porque, se não por outras razões, não haverá muitos visitantes.

Quando eles chegam, os visitantes do *dojo* são, em japonês, *kyaku*, uma palavra que geralmente recebe o "*o*" honorífico adicionado como prefixo denotando polidez. (Tecnicamente, os visitantes de um torneio ou uma competição de *budo* são chamados de *kankyaku* ou "convidados no salão", pois esses eventos são geralmente feitos em lugares maiores que o *dojo*.) *O-kyaku-san* casual pode ser tolerado, mas nunca é encorajado. Normalmente não há muito espaço para ele; geralmente ele fica ao lado da área de treinamento, no meio do caminho. O mais importante, entretanto, é que ele é uma distração dentro do *dojo*. Ele não é sério, e a falta de seriedade é óbvia. As artes marciais e seus Caminhos são, para ele, um espetáculo, uma distração temporária. Normalmente ele passeia por lá e pergunta sobre as aulas. ("Quanto custa?" é um óbvio sinal de que ele não pretende se juntar ao grupo.) Ele fica por lá e observa a aula, e começa a se mexer e perder a paciência e a olhar para a porta imaginando quanto tempo mais vai ter de esperar para ir embora sem parecer muito mal-educado. "Compradores que olham as vitrines" podem ser ótimos para uma loja de carros ou para uma joalheria. Mas o lugar deles não é no *dojo*, e geralmente percebem isso logo.

O visitante sério se aproxima de um modo totalmente diferente. Se o *dojo* tem um número de telefone, ele liga e pede permissão para vir assistir à aula. Ele não diz que deseja fazer aulas. Por quê? Ele não finge que conhece a arte ou as pessoas que estão praticando ou a qualidade do professor. Se eu penso em me juntar ao seu grupo sem nem conhecê-lo ou ver o que você faz, isso seria muito superficial. É um costume em muitos *dojo* tradicionais que um possível novo membro vá assistir a pelo menos três ou quatro aulas antes de nem sequer mencionar que deseja entrar. O visitante demonstra sua paciência; as atividades do *dojo* são mostradas para que ele tenha uma ideia de como são as coisas se realmente quiser entrar. É uma boa maneira para que ambas as partes se conheçam. Depois que ele assistiu a várias aulas e demonstrou que tem paciência para não acelerar as coisas, um membro mais antigo do *dojo* pode se aproximar dele, ou ele mesmo pode perguntar educadamente a um membro mais antigo sobre a possibilidade de entrar.

Existem muitas histórias, a maioria delas em livros ou filmes, sobre as dificuldades do treinamento ou sobre como é difícil ser aceito em um lugar de treinamento de artes marciais. Na verdade, o professor não facilita ao visitante que entre, não porque ele esteja testando o possível aluno, mas porque ele não tem certeza se o visitante realmente quer entrar. Ironicamente, quanto mais um possível aluno tenta impressionar o professor e os demais alunos do *dojo*, menos sério ele lhes parecerá. Ele deveria lembrar que não está tentando entrar para um mosteiro, nem que está tentando convencer algum bruxo misterioso sobre seu merecimento para ser aceito em seu enclave secreto. Sua meta é apenas demonstrar que é uma pessoa madura, e que mesmo não sabendo que nível de comprometimento lhe será exigido, estará aberto para aprender. Isso só requer um pouco de paciência. E olhando para trás, depois de ter entrado para o *dojo* e ter começado seus estudos, provavelmente o iniciante se surpreenderá por ter rapidamente ido de *o-kyaku-san* até se tornar um membro desse lugar incomum.

3

O UNIFORME

KEIKOGI

Tendo em vista a imagem comum da roupa japonesa "tradicional" — o kimono suntuoso de seda e ricos brocados —, pode ser uma surpresa descobrir que as pessoas, no antigo Japão, andavam nuas ou quase nuas. Antigas referências de alguns dos primeiros ocidentais que chegaram ao Japão — os exploradores portugueses — falavam que os japoneses mais pobres normalmente andavam "nus como sapos". Séculos depois, em 1859, o pioneiro de negócios e jornalista correspondente, Francis Hall (1822-1902), escreveu que "a vestimenta das pessoas comuns era bastante livre, assim como seus modos. Os trabalhadores braçais costumavam andar nus, exceto por um tapa-sexo, ou usavam roupas soltas de algodão abertas na frente, que mostravam tanto quanto cobriam". Quase vinte anos depois, a aventureira Isabella Bird (1831-1904), ao explorar o interior do Japão, comentou: "Pode-se dizer que os homens não vestem nada".

Evidentemente, se formos considerar as roupas que eram usadas no verdadeiro Japão antigo, teremos fontes menos objetivas e menos confiáveis. Escavações arqueológicas em locais que remontam à civilização Jomon, de cerca de 6 mil anos atrás, descobriram pedaços de tecidos, mas é impossível se fazer conjecturas úteis sobre que tipo de vestimentas teria sido preferido pelos membros da civilização Jomon. O primeiro registro sobre roupas é encontrado no texto chinês do século III chamado *Wei Chih*, que descreve emissários do Japão que foram visitar a corte chinesa. Os "*Wajinden*", como os japoneses eram chamados pelos chineses, estavam usando roupas que consistiam de pedaços longos e não costurados de tecidos, enrolados no corpo. Isso seria perto do período Yayoi no Japão (de 300 a.C. a 300 d.C.), e a descrição foi confirmada pelos *haniwa* — estranhas estatuetas de barro que eram moldadas nessa época —, que representavam, entre outras coisas, seus fabricantes. As figuras *haniwa* estavam vestidas com o que pareciam robes, alguns longos, outros mais curtos, enrolados no corpo exatamente como um kimono ou os atuais *keikogi* de artes marciais. É interessante que as roupas eram bastante semelhantes às usadas por civilizações de caçadores na Ásia continental, e são uma dica importante sobre as raízes ainda misteriosas do povo japonês.

O príncipe Shotoku, que assumiu o trono imperial como regente em 593, foi influenciado pela China de várias maneiras. Shotoku adotou e tornou populares os longos robes que eventualmente evoluíram, na Era Heian, até o kimono japonês característico que todos reconhecemos atualmente. Mas e as pessoas comuns? Vemos na arte do período romântico do Japão feudal imagens de mulheres lânguidas e flutuantes usando pelo menos doze camadas de seda em seus maravilhosos kimono, e homens também em robes de seda imponentes. Entretanto, essas roupas não parecem muito acessíveis ou mesmo práticas para serem usadas no plantio de arroz ou durante a construção de uma casa. A população comum no Japão, por volta do século X até o fim do século XIV, usava roupas feitas de cânhamo. A fibra dessa planta é longa e durável, apesar de não ser muito confortável. Era trabalhoso plantá-lo, transformá-lo em fios e tecê-lo. Na verdade, as classes mais pobres no Japão nessa época não podiam comprar tecidos de cânhamo e frequentemente usavam roupas de um grosso papel feito de fibra de amoreira. Mas durante o *Sengoku jidai*, ou Período dos Estados em Guerra, a guerra civil que durou séculos no Japão e começou no século XV, o algodão foi introduzido no Japão pela Coreia e pela China. É comum pensarmos nas fazendas do Japão verdes, com o arroz crescendo. Mas, especialmente na região de Kansai, em Osaka, o verde nesses campos era coroado com bolas brancas.

O algodão reinou lá da mesma maneira que reinou na América do Sul quatro séculos depois.

De muitas maneiras, o algodão revolucionou a economia e a população do Japão. O algodão era fácil de ser cultivado e transformado em tecido. As roupas, robustas ou mesmo elegantes, eram acessíveis até para as classes japonesas mais pobres. Alguns historiadores sugerem que as roupas de algodão, por poderem ser bem ajustadas para se amoldarem ao corpo humano, foram um impulso importante para a formulação do senso estético japonês tradicional. Para o propósito de compreensão sobre como nossas roupas de treinamento chegaram ao que são, esse desenvolvimento é importante. O *keikogi* usado atualmente em *dojo* em todo o mundo é, ao menos indiretamente, o resultado da importação do tecido de algodão para o Japão e para as roupas que surgiram depois.

O *sumo*, a mais antiga arte combativa do Japão, era praticado e apresentado em total nudez ou seminudez. Os lutadores vestiam, no máximo, uma tanga enrolada, e as *mawashi* usadas hoje em torneios e treinamentos de *sumo* são as "descendentes" dessas tangas. A nudez do *sumo* seria um reflexo da escassez de roupas do antigo Japão? Ou seria simbólico: um modo de se entrar em uma disputa de força e habilidade reduzido absoluta e simplesmente a seus próprios músculos e nervos? Quem sabe? Mas da maneira como as demais artes de combate se desenvolveram, especialmente as devotadas a agarramentos, tornou-se geralmente necessário o uso de "roupas de treino". Essas roupas tinham de ser resistentes, por razões óbvias. Tinham de ser largas e permitir movimentos com conforto. E, além disso, tinham de ser acessíveis aos praticantes. Antigas figuras impressas (com impressão por blocos de madeira) mostram praticantes de *jujutsu* usando jaquetas simples de uso diário, cortadas da mesma maneira que o kimono, mas tecidas de algodão. Podemos ser tentados a especular que seriam kimono de seda. Como podemos saber que eram de algodão? Além do fato de a seda ser um material muito caro para se correr o risco de ser danificado ou rasgado durante um treino mais intenso, o kimono formal de seda é costurado com um ponto solto, um alinhavo, não sendo apropriado para suportar puxões fortes. Os pontos são facilmente removidos para que a roupa possa ser limpa e recosturada. No caso das jaquetas usadas para a prática de artes marciais, se essas figuras impressas servem como indicação, não pareciam especiais ou reservadas particularmente para o treinamento de *budo*. Elas simplesmente eram o "robe" de algodão grosseiro usado para qualquer outra atividade.

Somente quase no fim do século XIX que o *keikogi* usado como uma roupa "específica" surgiu no Japão. *Keiko* significa "prática". *Gi* é a pronúncia para o caractere de *ki*, ou "roupa", o mesmo de "kimono", quando é usado como sufixo. O crédito inicial quanto ao *keikogi* deve ser de Jigoro Kano (1860-1938), o educador e fundador do judo Kodokan. Estamos especulando, mas é uma boa aposta que sua inspiração tenha vindo das jaquetas pesadas usadas pelos bombeiros do Japão. Essas jaquetas eram, originalmente, feitas de cânhamo, e elas, por sua vez, foram inspiradas provavelmente nas roupas usadas pelos *yakko*. Os *yakko* eram normalmente descritos como serviçais a pé, valetes. Se você já viu figuras de *daimyo* ou samurai de alta patente viajando em procissões formais, deve ter notado os homens que carregavam bandeiras e mastros decorados de várias formas para demonstrar o *status* ou o clã do homem que presidia a parada. Esses homens eram *yakko*. (Aliás, essa palavra nomeia um prato feito com tofu, o *hiya-yakko*. Cubos de tofu são servidos resfriados em gelo, com vários condimentos. Os pedaços de tofu parecem com os grandes quadrados nas jaquetas dos *yakko*, daí veio o nome.) Os bombeiros adaptaram as jaquetas à altura dos quadris dos *yakko* para sua profissão. A luta contra o fogo nas cidades do Japão envolvia saltar no alto de telhados para apagar brasas ou pequenos focos de incêndio assoprados pelo vento — uma brasa errante em uma cidade feita de madeira e papel poderia transformar um princípio de incêndio em uma casa em uma conflagração capaz de destruir dezenas de quarteirões. Para proteção, os bombeiros usavam pesados casacos ou *hanten*, que são muito parecidos com as jaquetas usadas nos *dojo*. Outra variação do *hanten*, aliás, é o *happi*, uma jaqueta leve, de comprimento pelo meio da coxa, ainda visto em festivais e comemorações no Japão.

De acordo com os arquivos guardados na Kodokan, Kano criou o *judogi* que usamos atualmente "por razões de dignidade e de segurança". Uma das fotos mais antigas dele foi tirada quando tinha cerca de 17 anos, tentando parecer durão, fazendo uma pose teatral, vestido com um tipo de blusa sem mangas, com as pernas de fora. Parecia mais uma roupa de banho da Era Vitoriana que um uniforme moderno de judo. Em fotos tiradas menos de duas décadas depois, no fim do século XIX, vemos Kano e outros *judoka* com suas jaquetas, ou *uwagi*, que se parecem quase exatamente com os *hanten* dos bombeiros (a Kodokan preservou uma das jaquetas de treino de Kano desse período, batida e descolorida devido à transpiração, que, tirando o fato de ter mangas curtas, é exatamente igual às usadas hoje). Em seu modelo original, tinham mangas curtas e a bainha da roupa ficava no nível das nádegas. Alguns dos alunos de Kano lembram que machucados feitos pelo tatami nos cotovelos o inspiraram a alongar as mangas até a metade dos antebraços. E a dureza do treinamento livre deve tê-lo feito alongar a jaqueta até abaixo dos quadris, e assim era menos provável que ela se abrisse durante a prática. Em um tatami cheio de alunos praticando judo na Kodokan, em uma foto datada de 1913, todos usavam a versão atual do *judogi* (mas alguns poucos mais antigos aparecem usando kimono formal). Outra foto de 1920 mostra o sempre garboso Kano vestido com um *keikogi* completamente moderno. Podemos então supor que a evolução do uniforme de treinamento do judo foi bastante rápida, e que ele foi alterado para ter um bom caimento como é hoje por razões práticas e não estéticas.

O karate, que surgiu no Japão mais ou menos ao mesmo tempo que o uniforme do judo estava assumindo seu corte e formato atuais, era praticado inicialmente com roupas comuns, ou, no calor úmido das ilhas de Okinawa, com o uso de tangas. Os pioneiros do karate que trouxeram sua arte combativa nativa de Okinawa para o Japão eram pessoas dos tipos mais variados. Alguns eram desordeiros e brigões, outros eram pessoas cultas e educadas. Entretanto, a maioria era de pessoas astutas o suficiente para perceberem que seu karate, que era considerado pela maioria dos japoneses como uma forma selvagem de pugilismo de classes baixas, em comparação com as artes combativas da elite clássicas dos samurai, precisava ser bem apresentado para ter sucesso no Japão continental. Um fabricante clandestino de uísque do Kentucky pode ser capaz de competir com uma destilaria escocesa de centenas de anos — mas é bom que ele providencie algo apresentável para engarrafar sua bebida. Quase ao mesmo tempo que foi introduzido no Japão por volta de 1920, o treino de karate era feito com um uniforme baseado no do judo. Uma foto de 1930 de Gichin Funakoshi dando uma aula de karate na Universidade de Keio, em Tóquio, mostra o professor e os alunos vestidos em roupas idênticas ao *judogi*. Mais tarde, quando o karate assumiu sua própria identidade dentro do Japão, seus entusiastas desenvolveram uniformes feitos de tipos mais leves de algodão para facilitar os movimentos de chutes e socos da arte.

E as demais formas de *budo*? As fotos mais antigas de Morihei Ueshiba dando aulas e treinando datam de por volta de 1920, ele e seus alunos parecem todos usar *judogi* com *hakama*. O *judogi* nessa época já era manufaturado comercialmente no Japão, o que o tornou mais barato e acessível, e certamente Ueshiba o usava por essas razões, e também porque era bom para a prática do aikido. O *kendogi* também foi um desenvolvimento natural que combinou o corte do kimono usual com a durabilidade da jaqueta tradicional dos bombeiros. O *kendo uwagi* difere dos usados em outros tipos de *budo* porque não há aberturas nos lados como as jaquetas de judo. Em vez disso, o corte é diretamente na frente da roupa. Os movimentos laterais do kendoka durante as práticas são mais restritos que os dos judoka, e ele jamais assume uma postura muito aberta. Assim, sua jaqueta não necessita de aberturas laterais que tornam os movimentos mais confortáveis em um *dojo* de judo. Tipicamente o kendoka também não usa calças por baixo do *hakama*, porque as pontas retas e não cortadas da parte inferior da jaqueta esconderiam suas pernas nuas. A arte do manejo do arco, *kyudo*, era originalmente praticada com o uso de kimono ou de roupas de batalha, mas na virada do século XX seus expoentes passaram a adotar para a prática regular e para as aulas uma parte superior leve de algodão que parece mais com a roupa usada por baixo do kimono formal.

O *keikogi*, com exceção dos que são tingidos de índigo e usados para o *kendo* e outras artes marciais, é branco. (Alguns *keikogi* brancos têm costuras cruzadas de linha preta ou, se são índigo, a costura será branca. Esse estilo é chamado de *Musashi-sashi*, batizado em homenagem à província em que esse tipo de tecido foi criado. Mulheres e crianças, especialmente no kendo, frequentemente usam *keikogi* de estilo Musashi.) O *keikogi* é branco porque é a cor natural do algodão do qual ele é feito e é barato, além de refletir um certo espírito de simplicidade e naturalidade que combina com os valores do *budo*. Eles são brancos porque sempre foram brancos, e a tradição, apesar de não ser uma razão suficiente para qualquer instituição, é um fator poderoso quando se trata de artes como o *budo*. Não existe uma razão lógica para a introdução de outras cores no *keikogi*, além de satisfazer os ditames de uma moda que vive mudando, ou quem sabe para satisfazer a necessidade de quem o usa de expressar sua vontade; assim, é importante que não se adotem novas cores. Em 1977, a Federação Internacional de Judo, ainda insatisfeita por só ter tirado uma boa parte do valor original e da intenção inicial do *budo*, instituiu ostensivamente o uso de *keikogi* azuis nas disputas, alegando que assim seria mais fácil observar as partidas e calcular pontos. Que tais impulsos superficiais tenham sido levados a sério pela comunidade do judo de qualquer modo é uma característica da interação moderna dessa arte, uma pomposa imitação de sua verdadeira essência.

Algumas partes do *keikogi* merecem ser mencionadas, começando pela jaqueta em si, a qual já discutimos e já identificamos como uma *uwagi*. *Uwa* significa "superior". O sufixo "*gi*" é a mesma coisa que o *ki* de kimono; como já discutimos antes, é a palavra para "roupas". (Uma palavra antiquada para *uwagi* é *uwafuku*; *fuku* significa "roupas" também e é usada ainda em outros termos em japonês, como *wafuku*, que significa "roupas ocidentais". Mas parece meio afetado e estranho se estivermos falando sobre *keikogi*. *Seifuku* é a palavra em japonês para "uniforme". Hoje em dia a palavra é mais usada para descrever o *gakuseifuku*, que são os diversos tipos de uniformes escolares usados por estudantes.) Em alguns *uwagi*, uma costura, chamada de *sensui*, é colocada em linha reta nas costas da jaqueta do kimono, para que ele tenha melhor caimento. Muitos judoka e aikidoka não gostam desse detalhe, pois, com a costura adicional, a jaqueta do kimono pode ficar mais suscetível de ser rasgada com um puxão nas linhas das costuras. Eles preferem que o *ushiromigoro*, ou as costas da jaqueta, seja de um único pedaço de tecido. As mangas se chamam *sode*, e as aberturas das mangas são *sodeguchi*. Alguns budoka preferem mangas longas, que eles enrolam, com isso criando uma área útil para secar o suor. Mas alguns professores não gostam disso, e insistem que as mangas sejam alteradas para ficarem do tamanho certo se forem muito longas. O *sode*, e também a gola, é a parte do *uwagi* que os judoka seguram. Essa pegada em particular é provavelmente um reflexo das antigas técnicas de domínio usadas em sistemas de *jujutsu*. As mangas de um kimono são bem largas. Ao segurá-las e torcê-las, você terá uma forma rápida e eficiente de prender a parte superior do corpo do oponente. *Sode-garami*, ou "amarradores de mangas" eram bastões usados pela "polícia" de senhores feudais, longos bastões com espetos em uma ponta que podiam ser enfiados na manga e torcidos, o que inutilizaria uma espada que estivesse sendo segurada desse lado. O atual *kumi-kata*, a pegada tradicional do judo, é uma derivação dessa estratégia.

A gola e as lapelas do *uwagi* são chamadas, em japonês, de *eri*. *Eri o tateru*, ou "fazer que a gola fique levantada", é uma reprimenda que se ouve às vezes, ao se ensinar uma pessoa as bases do *kitsuke*, a arte de se vestir um kimono. "Ficar levantado" quer dizer que as lapelas devem estar cuidadosamente dobradas uma sobre a outra, a esquerda sobre a direita (com exceção do kimono usado quando uma pessoa é vestida para um funeral; nesse caso a dobra é trocada, direita sobre a esquerda), para que não haja um espaço sobrando embaixo do pescoço. No kendo e no karate, usam-se pequenos pedaços de cordão ou de tecido preso, na altura do peito ou abaixo da cintura, que podem ser amarrados para que o *uwagi* fique mais composto e bem fechado. O judo nunca usou esse artifício, porque os puxões de uma prática ou de uma luta de judo rapidamente arrancariam esses cordões. Na verdade, o judoka tem mais dificuldade para manter sua jaqueta em ordem devido à própria natureza dos métodos de agarramento do judo. Em uma luta muito dura, as jaquetas podem ter as faixas completamente arrancadas, ficando completamente abertas. (Alguns judoka facilitam para que isso aconteça, sabendo que, se o *uwagi* ficar totalmente aberto, o árbitro fará uma parada temporária na competição, dando-lhes tempo para recuperar o fôlego enquanto arrumam o *uwagi*. Pode ser um estratagema interessante, mas que não combina com os valores do judo, e as pessoas que olham para a arte como uma coisa muito semelhante às lutas homem a homem nos campos de batalhas feudais, deveriam imaginar rapidamente que, em uma luta verdadeira, pedir um "tempo" poderia significar a morte.)

Um judoka, quando corretamente ensinado, é instruído para arrumar bem o *eri*, após uma competição ou entre partes de um *kata*, puxando a parte de baixo do *keikogi*, que se chama *shitagi*. *Shita* significa "inferior" (*shitagi* também é o nome das roupas que são usadas por baixo do kimono). No *keikogi* usado para o judo e para o aikido, o *shitagi* é feito de um algodão mais leve e tem um padrão cruzado diferente da parte superior da jaqueta. O peso e o tipo de tecido do *shitagi* são próprios para que a jaqueta fique mais leve e para facilitar que a transpiração se acumule no tecido mais grosso da parte de cima. Se uma pessoa consegue manter o *eri* bem fechado — e isso é antes de tudo uma questão de se aprender como se mover corretamente com a prática —, essa habilidade é um sinal de que a pessoa ou é um artista marcial que nunca faz algo mais "forte" para que o *eri* se abra, ou que já está no *dojo* tempo suficiente para saber bem o que está fazendo.

No Ocidente, usamos calças há tantos anos que parece que, em matéria de moda, pudor e praticidade, essa roupa deveria ser universal. Entretanto, no Japão, as calças foram uma adição muito recente à vestimenta diária. Logo depois da Segunda Guerra Mundial, os ocidentais que estavam no Japão se lembravam de ter visto japoneses vestindo calças pela primeira vez, e eles não tinham nem ideia de como vesti-las. Às vezes, eles as puxavam até o peito, deixando as canelas expostas, outras vezes as usavam com um cinto de couro amarrado em volta da cintura, em vez de passar o cinto pelos passadores, ou prendiam o cinto com a fivela para trás. A palavra em japonês para calças, *zubon*, não existia na linguagem deles até depois do período feudal, no Japão pré-moderno, pois os homens não vestiam nada abaixo da cintura, exceto, às vezes, um tapa-sexo, ou usavam algum tipo de *hakama*. Novamente, a introdução do uso de calças como parte do *keikogi* veio de Jigoro Kano. Como já vimos, gravuras em blocos de madeira e outras ilustrações invariavelmente mostravam artistas marciais usando o tradicional *hakama* ou com as pernas nuas durante os treinos. Nas fotografias mais antigas de práticas de judo ou de *jujutsu*, os praticantes se vestiam assim também. Influências ocidentais levaram à adoção do *gobatake*, um tipo de roupa de baixo folgada, como um *short*, que ia até a coxa. Se você visitar Tóquio durante o verão, provavelmente verá homens usando *patchi*, o que parece uma mistura de calção e roupa de mergulho, de algodão, que vai até o meio da coxa. Frequentemente, homens que estão relaxando em casa ou vendedores em pequenos comércios de família vestem *patchi* nos meses de verão. Esse é outro tipo de roupa que pode ter o início de seu uso datado da época em que virou quase uma mania a moda ocidental, que começou no Japão durante o fim do século XIX e se acentuou depois da Segunda Guerra Mundial. Alguns livros mais antigos de *jujutsu* mostram combatentes usando calças muito curtas, que devem ter sido inspiradas no *gobatake* ou *patchi* e se parecem com eles.

Provavelmente, Kano considerou que calças mais longas seriam uma maneira de proteger seus judoka contra o mesmo tipo de "lesão de tatami" que o encorajou a alongar as mangas da jaqueta. Além disso, ele viu que elas o ajudariam a definir seu judo como uma arte nova e moderna, com um apelo universal. Esta segunda razão pode ter tido uma influência maior do que se pensa. O apelo por "tradição" em artes marciais modernas atualmente é considerável em alguns círculos. Entretanto, é importante notar que no Japão, depois do fim da Era Feudal, havia uma descrença nas artes tradicionais e na cultura clássica, muitas vezes consideradas antiquadas e fora de moda. Uma disciplina como o judo seria muito mais atraente sendo praticada com calças modernas e não com o *hakama* tradicional. Fotografias tiradas na Kodokan na primeira década do século XX mostram Kano e outros praticantes vestindo *zubon*, que chegavam abaixo do joelho. Logo os praticantes de karate adotaram um comprimento semelhante para os *zubon* de seu uniforme.

Da mesma maneira que o *uwagi*, o *zubon* é branco, e pelas mesmas razões. Eles não são boca de sino nem são enfeitados com insígnias ou outros ornamentos. Eles têm um único cordão, que é passado pela frente da cintura através de um passador no cós, que dá a volta sobre si mesmo nas costas e passa novamente pela frente. E é fechado ao se puxar as pontas do cordão, que têm nós para evitar que voltem para dentro do cós. Mesmo assim, isso acontece, e é bem frustrante quando um cordão some, do mesmo modo como acontece com casacos de capuz ou calções. Preste atenção no vestiário de um *dojo*, e você deve encontrar um gancho feito com um pedaço curvado de arame ou de cabide. É como uma grande agulha para recolocar um cordão perdido no *zubon*.

E tem o *obi*. Alguma outra peça de roupa já foi tão intimamente identificada com a atividade de quem a usa? Algum outro pedaço de roupa já foi investido com tanta mitologia, tanta mística, como esse pedaço de tecido usado em volta da cintura por um entusiasta de artes marciais? O que uma *Lederhosen*[1] é para um tocador de *Oompah*,[2] o que uma faixa sobre o ombro representa para uma mulher que dis-

1. *Lederhosen* ("calças de couro" em alemão; o singular é *Lederhose*) são calças na altura dos joelhos feitas de couro. (N. da T.)

2. *Oompah* ou *Umpapa* é um nome onomatopeico para um tipo de música alemã, especialmente da Bavária, que tipicamente envolve instrumentos de sopro. (N. da T.)

puta um concurso de beleza, o que uma máscara de *hockey* significa para um *serial killer*, a faixa significa muito mais para o artista marcial. A "faixa preta" é como se estivesse para sempre tecida em volta da cintura do grande praticante de karate ou de judo. O *karateka* de mais de 12 anos usa sua faixa verde com todo o orgulho de um guerreiro Masai em sua capa de pele de leão. Em reuniões sociais, se a posição de uma pessoa no *dojo* é conhecida pelos de fora, a pessoa pode ser apresentada da seguinte maneira: "Ele é faixa-preta; portanto, cuidado!".

É curioso que um pedaço de tecido usado para manter a blusa fechada possa ter assumido tal importância simbólica. Isso começou de modo muito inocente. A história oficial do judo Kodokan diz que em 1883 Kano resolveu separar seus alunos da nova Kodokan em dois grupos. Um grupo seria dos alunos cujas habilidades haviam progredido a ponto de eles serem considerados "mais adiantados". Eles seriam os *yudansha*, ou o "grupo dos graduados". Todos os demais eram *mudansha,* inferiores, ou "grupo sem graduação". O registro da Kodokan lista dois *yudansha* que receberam aquele ano o grau de *shodan*, ou "primeiro grau de *yudansha*", Tsunejiro Tomita e Shiro Saigo, dois dos alunos mais antigos e mais ilustres de Kano. Tomita partiu para demonstrar judo nos Estados Unidos e em outros lugares. Uma versão fictícia das explorações de Shiro Saigo como o herói de uma novela popular depois se tornou um filme ainda mais popular de Akira Kurosawa, *Sugata Sanshiro*, sobre as primeiras competições entre o judo de Kano e as escolas clássicas de *jujutsu*. Esses dois foram, pode se dizer, os primeiros "faixas-pretas".

O aprimoramento feito por Kano sobre o sistema de graduações, conhecido em japonês como *dan-i*, foi uma pequena revolução no mundo das artes japonesas de combate e nas artes japonesas em geral. Por séculos, desde o estabelecimento do primeiro *ryu*, as graduações em geral eram dadas por meio de uma série de *menkyo*, ou "licenças". O mestre de uma escola emitia o *menkyo*, geralmente sob a forma de um rolo ou um papel. Em *ryu* devotados ao *budo*, como os de arranjos florais e outras artes, normalmente havia poucos *menkyo* no sistema de graduações. Era necessária uma licença para demonstrar que quem a recebia havia adquirido mestria em parte do currículo ou tinha recebido instruções sobre alguma parte secreta do *ryu*. Na maioria dos casos, especialmente nos *ryu* marciais, não havia muita necessidade de *menkyo* por razões práticas. Ou a pessoa tinha a habilidade ou não tinha, e sua sobrevivência no combate — ou não — era uma prova melhor que qualquer documento. *Menkyo* eram mais importantes para estabelecer a sucessão do *ryu*. Quem tinha a licença que lhe dava o direito de levar adiante o espírito do *ryu* era de fato seu líder, ou ao menos um professor qualificado pelo líder do *ryu*.

Esse método de licença funcionava bem para um *ryu* feudal. Ele ainda tem seu lugar em *ryu* de diversos tipos que ainda existem. O fato de que Kano preferiu ignorar esse sistema e criar seu próprio sistema de graduações fala muito sobre como ele era. Kano estava entre os pensadores da modernidade entre os japoneses e sua geração. Ele conhecia bem os princípios pedagógicos ocidentais e escreveu sobre esses princípios, tanto que suas teorias sobre a educação ainda são estudadas em universidades de todo o mundo por aspirantes a professores, que podem até não conhecer nada sobre o judo de Kano. Assim ele entendia o processo de apoio que usava símbolos tangíveis. Professores do jardim de infância davam às crianças pequenas estrelas douradas, universitários recebiam o louvor com o diploma de honra, o progresso no judo poderia ser recompensado pelo recebimento do *kyu*, ou graduações inferiores e, posteriormente, pelo recebimento do *dan*, uma série de passos mais avançados. (Essas comparações não têm a intenção de diminuir a importância do sistema de graduação *dan-i*. Ela pode funcionar com eficácia e objetividade nas situações em que atualmente se encontram tipicamente as organizações de *budo*, com um grande número de praticantes. Isso impõe uma organização coerente, necessária para grupos que podem estar espalhados pelo mundo, tornando possível a interação entre os grupos e dando apoio a um maior crescimento e amadurecimento. Além disso, é um engano em alguns aspectos caracterizar o método *kyu* e *dan* de graduação como puramente "moderno", no sentido de compará-los ao sistema "tradicional" *menkyo*. Na verdade, as graduações de *dan* e *kyu* têm sido usadas em artes tradicionais japonesas, inclusive música, arranjo floral, jogo de *go*, pelo menos desde o século XVI.)

Curiosamente, a introdução do sistema dos dez níveis de graduação de Kano não coincide com o uso das faixas coloridas. Apenas em 1886, três anos depois, Kano passou a dar faixas como símbolo de graduação. Pode ser apenas uma coincidência, mas foi nessa mesma época que a Kodokan foi colocada contra a escola de *jujutsu* Yoshin *ryu* de Hikosuke Totsuka em um torneio apoiado pela polícia de Tóquio. Os judoka de Kano venceram com dificuldade; a reputação da Kodokan foi estabelecida e o número de seus membros se multiplicou. Kano pode ter sido motivado a usar faixas coloridas diferentes tendo em vista o grande número de alunos que passaram a estudar judo com ele. Apesar do fato de que ele reconhecia seus alunos mais graduados, e eles se conheciam uns aos outros, os novos alunos teriam dificuldade em diferenciar um iniciante de um aluno mais avançado. As faixas pretas teriam sido uma maneira de dizer que os alunos que as usavam poderiam dar ajuda ou instruções. As primeiras faixas eram *kaku-obi*, as faixas duras de seda que eram usadas com kimonos formais. Em 1907, a faixa de algodão foi introduzida.

Quando Kano autorizou o uso do sistema de dez níveis de graduação em seu judo, ele não adotou nenhum tipo de esquema de cores a ser usado nas faixas durante os treinos. Na Kodokan havia apenas faixas pretas e brancas. Então, de onde veio o arco-íris de tonalidades que são usadas em volta da cintura dos *judoka* e outros budoka? Os detalhes são imprecisos, mas o mais provável é que a inovação veio de um extraordinário judoka, Mikonosuke Kawaishi. Kawaishi, que nasceu em 1899, começou seu treinamento em artes marciais com algum tipo de *jujutsu*. Por volta do novo século, ele começou a estudar judo. Em 1926, Kawaishi foi para os Estados Unidos e passou a ensinar a arte, e depois se mudou para a Inglaterra e por curto tempo deu aulas lá. Em 1936, ele começou a ensinar judo em Paris, ficando na França até o início da Segunda Guerra. Ele retornou ao Japão e acabou ficando em uma prisão na Manchúria até o fim da guerra, mas eventualmente regressava a Paris e continuava a ensinar judo até sua morte em 1969. Kawaishi era um inovador intrépido ao explorar novas formas para apresentar o judo a não japoneses. Por exemplo, em vez de usar os nomes das técnicas em japonês, ele instituiu um sistema de números. Primeiro, gancho da perna por fora; segundo, arremesso de quadril, e assim por diante. Ele experimentou o sistema de faixas de cores diferentes para premiar os alunos e indicar seu progresso. A ideia pegou, e logo se espalhou pelos *dojo* de judo em toda a Europa. Mas no início da década de 1950 o conceito tinha chegado ao judo que estava sendo ensinado e praticado nos Estados Unidos. Em meados da década de 1960, as organizações de judo, como a Federação de Judo dos Estados Unidos, haviam criado um complicado sistema de graduações que era diferente para crianças, adolescentes e adultos. Foi assim que aconteceu. Portanto, nada tem que ver com as ambiciosas explicações — segundo as quais a faixa branca vai escurecendo através das cores até se tornar preta — dadas por pessoas que talvez tenham boas intenções, mas que não conhecem a história. Nem tampouco está relacionado com as interpretações pseudoesotéricas de que o branco representa a pureza original e o verde o frescor do principiante e assim por diante, inventando atributos para cada cor. Qualquer que fosse a intenção de Kawaishi, simplesmente não há evidência de que as faixas coloridas ou qualquer outra coisa colorida tenha fontes marciais antigas ou profundos significados filosóficos. A verdade é que, no Japão da Era Heian, oficiais de vários níveis do palácio imperial usavam chapéus ou outras insígnias de cores diferentes. Mas Kano nunca adotou essa prática para o judo. Ela não tinha surgido até a ida do judo para a Europa. E é necessária uma enorme imaginação para concluir que um professor de judo em Paris teria tirado a inspiração da corte do Japão do século XI para criar a graduação de seus alunos de judo.

Uma mente que se interesse por detalhes certamente vai querer saber sobre as faixas dadas ao mais alto escalão das autoridades do judo, vermelha e branca, vermelha, e as que vêm depois. Na verdade,

Kano pensou nisso em seu sistema de graduação. No caso deles, pode haver um argumento razoável de que ele tenha tirado isso de fontes históricas. Começando com a guerra de Genpei (1180-1185), em que ambos os lados usavam diferentes flâmulas de batalha e outros adereços — vermelho no lado dos clãs Taira e Heike, e branco para as forças das famílias Minamoto e Genji —, as cores vermelho e branco têm figurado na cultura japonesa. (As duas estrelas na constelação de Orion, conhecidas no Ocidente como Rigel e Betelgeuse, são designadas no folclore astronômico japonês como *Genji-boshi* e *Heike-boshi*, respectivamente, e acredita-se que a primeira tem um brilho vermelho e a segunda, branco. Pensava-se que as duas *boshi*, ou estrelas, representavam as famílias, ainda lutando uma contra a outra no céu noturno.) *Kohaku*, a combinação de vermelho e branco, passou a figurar preferencialmente nos motivos japoneses, inclusive, é claro, nas cores da bandeira nacional japonesa. Em 1884, Kano supervisionou o primeiro torneio vermelho e branco na Kodokan, uma tradição que permanece até hoje. Por muitos anos, em todas as competições de judo, uma tira de tecido vermelho é amarrada na faixa de um dos combatentes para diferenciá-los — um método que também é usado em torneios de kendo. Desde 1951, o canal de TV NHK do Japão tem apoiado o famoso *Kohaku Uta Gassen*, o Torneio Vermelho e Branco de Música, a cada janeiro. Esportes em ambientes fechados geralmente colocam times vermelhos e brancos, e crianças de escolas primárias geralmente usam chapéus vermelhos ou brancos como parte de seus uniformes. Portanto, Kano se inspirou em um conceito bem estabelecido ao criar o *obi* de linhas alternadas vermelhas e brancas que ele reservou para o sexto, o sétimo e o oitavo *dan*, graduações que indicam mais as contribuições que uma pessoa fez ao judo que a habilidade técnica em si. Uma faixa inteiramente vermelha indica nono e décimo *dan*. Aparentemente, nunca se pensou em um décimo primeiro *dan*; então, presume-se que se chegar a esse ponto, você poderá criar seu próprio desenho ou esquema de cores. O décimo segundo *dan* foi reservado para o próprio Kano, e era usada uma faixa branca com o dobro da largura da original.

Atualmente, o *dojo* e a organização do judo têm grande amplitude no uso de diversas cores. Para alguns, o arranjo de cores é visto como um estratagema. Mais graduações de faixas compreendem mais períodos de testes para o *dojo*, mais testes oferecem a oportunidade para a escola de cobrar por eles, aumentando seu ganho. Outros deixam de lado o amarelo, o azul, o roxo, o verde, e assim por diante, por diminuírem a arte que está sendo ensinada. Se uma pessoa pode ser motivada por uma série de faixas, como essa pessoa pode ser considerada séria? É importante notar que na maioria dos *dojo* de judo no Japão, atualmente, todos os graus de *kyu* usam faixas brancas. (Alguns *dojo* usam faixa marrom para os três últimos graus de *kyu*.) Existem bons argumentos em ambos os lados da questão. Talvez a melhor resposta seja aceitarmos o sistema de faixas coloridas como ele é, ao mesmo tempo que temos certeza de que símbolos externos têm pouca influência sobre o desenvolvimento interno, que é a verdadeira meta de todo o *budo* japonês. Se uma pessoa deseja entrar no reino destas artes, deve se acomodar a suas regras e regulamentos. É uma tola vaidade moral censurar a estrutura de graduações de um *budo* ao mesmo tempo que se criam contos de fadas sobre uma era dourada do passado em que a arte estava acima de tais coisas. Todos os *budo* modernos incorporaram as graduações logo que surgiram como artes específicas, fingir que não foi assim é uma fraude histórica. É uma pretensão indevida criar discussão sobre a cor da faixa de alguém ou sua graduação, bem como desdenhar um aspecto fundamental da arte escolhida.

E, falando de *budo*, quais são as faixas usadas em outras artes combativas do Japão? O kendo nunca usou faixas como parte do uniforme de treinamento, apesar de terem adotado um método *dan-i* de graduações com o estabelecimento da Federação de Kendo de Todo o Japão em 1928. O aikido copiou a inovação de Kano com o novo método *dan-i* de graduações por um longo período. Aparentemente Ueshiba estava relutante quanto a isso. Todas as graduações que ele deu quanto ao seu aikido antes da Segunda Guerra Mundial eram do tipo *menkyo*, como das outras artes marciais. Ele não adotou o sistema de *dan-i* até o fim da Guerra, e mesmo depois ele continuou a dar licenças *menkyo* junto com as graduações de *dan* e *kyu*. Só depois do fim da década de 1950 que esse tipo de graduação passou a ser usado com exclusividade no aikido. Em 1926, o karateka de Okinawa, Choki Motobu, publicou um livro sobre esta arte, ilustrado com fotos que mostravam a ele e seus alunos vestidos com calças curtas, sem camisas, mas usando grossas faixas pretas na cintura. Dois anos antes, Gichin Funakoshi deu as primeiras faixas pretas de *shodan* a sete de seus alunos. Com certeza, uma razão plausível para a popularidade do sistema de faixas nos círculos de karate no Japão naquela época era a mesma do judo: era conveniente e ficava mais fácil saber qual era o nível do praticante. Entretanto, todas as formas de karate de Okinawa ensinadas no Japão continental nessa época foram fortemente encorajadas a incorporar o sistema *dan-i* de graduações pelas mesmas razões, já mencionadas, que tiveram para adotar o *keikogi*: fazia que eles parecessem mais "japoneses" — um fator importante para a aceitação de sua arte.

Ainda mais importante na história do uso de faixas no karate como símbolos de graduações foi o crescente poder do Dai Nippon Butokukai, ou Sociedade da Grande Virtude Marcial Japonesa. Fundada em 1895 com o apoio de diversos líderes militares e governamentais do Japão, e com suporte da Família Imperial, a meta dessa sociedade era ostensivamente levar as graduações e o método de ensino das artes marciais diversas do Japão a algum tipo de uniformização nacional. (Os mais céticos entre nós apontariam que isso ocorreu na época em que o Japão estava começando a se tornar mais "flexível" sobre certas tendências nacionalísticas. Explorar as "virtudes" do ardor marcial seria uma boa maneira de influenciar a opinião popular e as tendências ultranacionalistas. Os que são ainda mais céticos observariam que a natureza pura das artes marciais, tendo em vista suas raízes nos clãs e a intensa lealdade de pequenos grupos, é a antítese de uma organização grande e ordeira. Desse ponto de vista, a Butokukai era mais uma perversão dos valores marciais clássicos que uma solidificação desses valores.) A Butokukai exerceu uma enorme pressão nas artes marciais japonesas nas décadas iniciais do século XX. Ela era vista em qualquer lugar como a organização de *budo* "oficial" do Japão, e uma arte poderia ser considerada autêntica e confiável se fosse reconhecida pela Butokukai. Não é uma surpresa que todos os grupos de karate buscaram se associar à sociedade. Entre as exigências para o reconhecimento oficial pela Butokukai era que a arte deveria ter um uniforme usado por todos os praticantes e um sistema de graduações. (A sociedade também exigia um nome formal para a arte que estava sendo apresentada, o que, no caso de um grupo de karate, resultou em uma rápida conferência do lado de fora do escritório da Butokukai, quando um nome histórico para o *ryu* foi subitamente "descoberto".) Apenas por essa razão, os líderes do karate implementaram o método de *dan-i* na primeira parte do século XX.

Nos anos 1950 e no início dos anos 1960, escritores ocidentais frequentemente descreviam o *keikogi*, quando seu assunto eram as misteriosas artes de luta japonesas, em palavras que, hoje em dia, parecem exóticas. Os mestres de judo se vestiam com "robes" ou "kimono". Não havia uma palavra equivalente a *keikogi* em inglês. Ainda não existe, mas a palavra *karategi*, ou mesmo o truncado "*gi*", é tão conhecida que os escritores podem usá-la sabendo que o leitor médio, mesmo nunca tendo praticado um *budo*, conhece o termo. Ironicamente, ao ter se tornado um tipo de roupa usado fora dos *dojo* japoneses, a questão que se apresenta é: temos de usá-lo? Começando nos anos 1970, ele foi objeto de vários tipos de modificações. Foram usados tecidos de cores não tradicionais. Remendos floridos apareciam em mangas e pernas. Calças da moda, em forma de boca de sino, enfeites berrantes e, é claro, as inevitáveis demonstrações de ego e as propagandas, com os nomes das escolas desenhados nas costas, passaram a ser comuns em salas de treinamento de artes marciais. Entretanto, mesmo com essas modificações, a maioria dos praticantes entendeu que o uniforme de treinamento era tão essencial ao karate quanto fechar o punho da maneira correta, ou tão fundamental ao judo ou ao aikido quanto aprender a cair.

Mas o tempo segue. E a questão do uniforme como um aspecto necessário ou mesmo um aspecto de segurança do treinamento das artes marciais aflorou agora. Em alguns casos, as razões desse questionamento são legítimas e, como pode ser imaginado, de origem comercial. Os donos de escolas de artes marciais notam que alguns "praticantes em potencial" não querem confrontar esta questão: eles acham que parecerão ridículos no *keikogi*, que lembra um pijama. (É uma ironia às avessas. Quando o *budo* começou a ser praticado fora do Japão, parte de seu charme e atração era a roupa exótica.)

Os donos dessas escolas estão absolutamente certos quanto a essa preocupação. Um karateka ou aikidoka ou judoka principiante, lá de pé em um uniforme ainda duro com a goma e marcado com as dobras da embalagem, com sua faixa amarrada de maneira errada e torta, não é exatamente uma bela figura. Então, por que não usar a ideia das academias de ginástica? Permitindo calças colantes, moletons, *tops* e camisetas. Imagine-se que as roupas com que uma pessoa que se sente confortável para trabalhar ou cuidar do jardim seriam apropriadas para as aulas de arte marcial. O argumento é apoiado por uma posição de senso comum, segundo o qual "na rua" é improvável que sejamos atacados usando o *keikogi*, então deveríamos treinar com roupas que estaríamos usando ao nos defrontar com um ataque inesperado.

Para a maioria do que são consideradas "aulas de *budo*" neste país, esse argumento tem grande mérito. De qualquer modo, esses lugares não são mais que academias de ginástica especializadas. A atmosfera é semelhante. Não há razão para que esteja presente um componente espiritual. Não há razão para se pertencer a uma tradição, ou para se seguir um caminho da maneira mais exata possível, como foi mostrado por gerações anteriores de mestres. O narcisismo impera. O desejo de *parecer* bem é quase tão importante quanto o de se *sentir* bem, e essas duas necessidades importam muito mais que qualquer desejo de praticar como um modo de preparar o espírito para atingir o que é bom. Isso está bom para quem deseja esse caminho, e *lycra*, elastano e moletons em lugares assim são perfeitamente apropriados. Entretanto, o lugar deles não é dentro de um *dojo* de verdade.

A pessoa que se interessa em seguir um *budo* de forma séria começa percebendo que o Caminho que ele irá percorrer é diferente das atividades normais. Se não fosse, por que ele teria esse trabalho? Por que buscar algo como o *budo*, quando há passatempos mais familiares, baratos e mais acessíveis, como futebol ou uma aula de aeróbica, que seriam suficientes para o exercício físico ou para a socialização? Não. Ele sabe que há algo nestes Caminhos que ele deseja em sua vida. Que, de alguma maneira, isso é especial. Ele pode não ter certeza sobre o quanto é diferente. De fato, quase sempre, o iniciante não sabe isso. Mas ele sabe que há algo lá e ele quer isso.

Usar um *keikogi* é uma forma material de se mostrar que essa atividade não é como as demais. Ao progredir em seu treinamento, é interessante e útil, de vez em quando, treinar com roupas comuns, como é interessante treinar ao ar livre ou em condições que não podem ser encontradas no *dojo*. Mas há algo igualmente valioso no uso do *keikogi*. É verdade que os iniciantes ficam desengonçados em um *keikogi* novo (apesar do que você possa pensar, eles iam parecer do mesmo jeito, não importando o que estivessem usando, no momento em que tentassem fazer os movimentos básicos da arte). *Eles são desengonçados*. Parte de qualquer treinamento de *budo* é enfrentar, cara a cara, essa situação, reconhecê-la e então tentar superá-la.

Estar disposto a vestir um uniforme estranho é realmente um dos desafios menos desconfortáveis encarados pelo novo budoka.

Ele também vai "lutar" com uma terminologia nova e estranha. (Falaremos sobre isso em outro capítulo. Mesmo pessoas que falam japonês devem enfrentar isso; o vocabulário do *dojo* inclui dúzias de palavras que não são usadas na vida cotidiana.) E lidar com formas de conduta que são bem diferentes das que encontramos no dia a dia. Sim, provavelmente há maneiras de se ensinar que evitariam esses desconfortos. Mas encarar esses caminhos é trilhar o caminho do *budo* — não tenha dúvida sobre isso.

Indivíduos que conseguem aceitar o desconforto com tranquilidade, parecendo desengonçados e não "bacanas", são exatamente o tipo de pessoa bem-vinda em um verdadeiro *dojo*. Mas não há muitos deles por aí. Não tantos, tenha certeza, quanto os que seriam atraídos por uma academia de ginástica. Eles costumam ser de um tipo diferente. Reconhecer isso em si mesmo é um grande passo no caminho do *budo*. Aprender a se vestir e a se sentir confortável com um uniforme de treino é um sinal de que esse passo foi dado.

4

O *HAKAMA*

"Eu soube que você esteve praticando no *dojo* na noite passada", disse-me uma mulher que encontrei no dia seguinte. Ela parecia incrédula. Na pequena cidade japonesa em que eu estava, um estrangeiro já era uma enorme novidade, suficiente para garantir alguns artigos para o jornal local. Um estrangeiro que realmente fosse a um local de treinamento de artes marciais e participasse das atividades era, pelo que notei das reações que recebi, algo como encontrar o Elvis ressuscitado e passeando de roupas com lantejoulas em um pequeno bairro do Mississippi.

— Disseram-me que você estava vestindo — e ela arregalou os olhos — um *hakama*!

Para mim bastava. Nos últimos dias havia aguentado com toda a educação, como a maioria dos estrangeiros no Japão rural o fazem, o espanto das pessoas. Eu conseguia comer arroz em uma tigela. Tinha a capacidade de não deixar o sabão cair nos banhos públicos quando fui a um. Em resumo, era capaz de demonstrar tais formas de sofisticação que se imaginava estar muito além das habilidades de alguém que não tivesse a bênção de ter nascido japonês.

— Olhe — disse, irritado —, uso *hakama* seis manhãs e duas noites por semana. Tenho certeza de que uso mais o *hakama* que qualquer pessoa de sua família. Não é estranho — eu disse provocando —, para mim, usar o *hakama*.

Demonstrar tal frustração não é uma coisa incomum para os visitantes do Japão que tenham um mínimo conhecimento da cultura de lá. Nossas capacidades linguísticas são amplamente celebradas se formos capazes de dizer "bom dia" de maneira razoavelmente articulada.

Depois de algum tempo, você fica com a sensação de que está sendo tratado como um bebê que, após muitas tentativas, consegue comer um pouco de pudim de banana, acabando com mais pudim na boca que no rosto. Mesmo assim, não é útil se render a tais frustrações com muita frequência. É desagradável e nada educado, especialmente no meu caso com o *hakama*. A menos que eles pratiquem certas atividades como a cerimônia do chá ou se casem em uma cerimônia formal e tradicional, é improvável que um japonês use o *hakama* com mais frequência que um estrangeiro. Portanto, é de esperar algum assombro por parte dos japoneses. Ou, ao menos, tolerá-lo. Entre estas atividades especiais em que o japonês usaria *hakama* hoje em dia, é claro, estão algumas formas de *budo*. Praticantes de kendo, kyudo, iaido, e algumas formas de *aikido*, todos usam *hakama*, assim como alguns mestres do *koryu bujutsu*, as artes marciais da Era Feudal que precederam as modernas formas de *budo*.

Por centenas de anos no passado, a prática de artes marciais era efetuada com o uso do *hakama* não por ser algum tipo especial de "uniforme", mas por ser uma vestimenta que a maioria dos membros da classe samurai usava como parte da roupa normal do dia a dia. De onde veio essa roupa? Uma explicação para o desenvolvimento do *hakama* é que era originalmente um tipo de capa, usada pelos cavaleiros para protegerem as pernas ao cavalgar. O couro usado pelos caubóis norte-americanos com esse intuito teria sido um bem muito precioso no Japão. Um algodão grosso e forte era usado para esse fim, criando um tipo de avental para satisfazer essa necessidade. A explicação é mais ou menos essa. Não há dúvida de que a classe guerreira no Japão feudal considerava o *hakama* útil para a proteção durante a cavalgada. E a imagem do samurai cavalgando em seu corcel amigo é um bom e romântico complemento à imagem de nosso caubói. Entretanto, a verdade é que a origem das calças tipo *hakama* é encontrada pelo menos em meados do século VIII, antes que o samurai emergisse como uma classe distinta. As mulheres na corte imperial durante a Era Heian (794-1185) usavam culotes de várias camadas sob o kimono, que se pareciam muito com o *hakama*. É muito provável que essa tenha sido a inspiração original para o *hakama*. No fim da Era Heian, os homens usavam *kariginu*, ou roupa formal de caça, e *suikan*, um tipo menos formal de roupa, e ambos tinham calças largas tipo "saia". (A primeira vez que a palavra *hakama* foi usada foi com *nubakama*, que se refere a um tipo específico destas calças de pernas largas usadas pelos nobres durante a prática do *kemari*, um tipo de jogo de bola.)

Em 1185, a família guerreira de Minamoto derrotou a família Taira, assinalando o fim da Era Heian e o início do período Kamakura (1185-1332). A era foi batizada em homenagem à cidade de Kamakura, no leste do Japão, que se tornou a base política do governo e a casa do *shogun*. A moda não mais se inspirou na corte imperial de Kioto que dominou durante a Era Heian, pródiga e suntuosa, e sim na sensibilidade mais severa e controlada da cultura dos guerreiros da Era Kamakura. Os estilos de moda de *kariginu* e de *suikan* foram substituídos pelo *hitatare*, menos ostensivo, a forma de vestimenta padrão do samurai da Era Kamakura. Se você já viu uma exibição formal de *yabusame*, ou uso de arco e flecha a cavalo, os homens que estão montados galopam por um caminho e arremessam flechas em alvos ao passar, você viu o *hitatare*. A parte de cima da roupa é um robe do tipo kimono, solto (as cordas que pendem das mangas na verdade são cordões que podem ser usados para fechar as aberturas das mangas); as calças são muito semelhantes ao *hakama* usado atualmente. A única diferença significante entre essas versões mais antigas e o *hakama* moderno é que as aberturas das pernas do antigo *hakama* também têm cordões e eram fechadas, dando a quem os usava uma aparência como a dos personagens de *Ali Babá e os Quarenta Ladrões*.

Os fãs de filmes de samurai devem reconhecer o *suo* e o *daimon*, as duas variações do *hitatare* que evoluíram durante o fim do período Kamakura e a era seguinte, a Muromachi (1340-1570). Essas roupas eram pouco diferentes das anteriores; a diferença era o material usado para fazê-las. Em lugar de luxuosas sedas do *hitatare*, as versões posteriores do *suo* e do *daimon* (este último foi a primeira roupa que ostentava cinco brasões de família, como depois foi usado no kimono formal) eram feitas de linho simples, assim como o *hakama* usado com eles. A escolha de materiais não foi acidental. A Era Muromachi viu a prevalência das classes militares no Japão. Seus gostos mais simples e sóbrios em tecidos usados para o *hakama* foram um reflexo da atitude social que prevaleceu nessa era.

Só após 1600, depois que o *shogun* Tokugawa Ieyasu unificou o país, o *hakama* deu outro passo em direção à sua evolução. É difícil superestimar as enormes mudanças trazidas pela unificação do regime de Tokugawa sobre o Japão. Emergindo de uma guerra civil que durava séculos, o *shogun* encarou a tarefa de controlar uma classe inteira de militares que, em sua maioria, tinha poucas habilidades ou interesses que não envolviam a luta. É uma prova do gênio de Ieyasu o fato de ele ter sido capaz de colocar a classe samurai em ocupações que, mesmo sendo menos produtivas que seus trabalhos anteriores, pelo menos eram bem menos sanguinárias. O samurai da Era Tokugawa geralmente era um engenheiro que supervisionava a construção de estradas e barragens, assessor de tributação, ou burocrata do governo. Durante esse período de transição, o samurai adaptou a antiga roupa de caça, o *kataginu*, do período Heian, encurtando as mangas e adicionando "asas" engomadas aos ombros, criando o *kamishimo*. O *hakama* usado com o *kamishimo* era tão longo que as pernas tinham de ser amarradas para cima ao ser usado na rua. Dentro dos salões, arrastavam-se no chão por alguns palmos atrás de quem vestia o *hakama*, algo como a cauda de um vestido de noiva. Frequentemente chamadas de *nagabakama* (*hakama* longo), essas calças curiosas eram bastante desajeitadas. Para usá-las era necessário arrastar os pés; se alguém tentasse correr usando uma, acabaria dando com a cara no chão.

Várias fontes sugerem que a moda do *nagabakama* foi um movimento deliberado do regime Tokugawa. Homens usando essas calças enormes estariam incapacitados para os movimentos necessários para uma batalha, assim é a explicação dada; portanto, o uso do *nagabakama* foi encorajado pelas autoridades para evitar duelos e outras violências marciais. Essa é uma ideia intrigante. Se examinarmos os antigos *densho*, ou rolos, sobre as técnicas de diferentes *ryu*, entretanto, podemos ver frequentemente homens em posição de ação com esses longos *hakama*. A classe de guerreiros japoneses era extremamente inventiva. Eles desenvolveram métodos para disparar flechas enquanto atravessavam a água, usar uma espada em uma sala totalmente às escuras, e usar um cabo de madeira e uma guia para cavalos como arma. Então não é nada provável que um par de calças enormes os tenha impedido de inventar um modo de lutar com elas. A explicação mais provável para a popularidade do *nagabakama* era que o Japão de Tokugawa viu um renascimento da moda da Era Heian. O *nagabakama*, como as calças boca de sino da década de 1960, que foram inspiradas nas calças dos marinheiros do século XIX, era mais uma tentativa de se capturar a elegância do passado. O fato de ser mais difícil lutar usando-o era mais uma consequência fortuita da moda que uma função primária. Imaginando-se que seu local de treino não tem problemas com duelos espontâneos ou outras atividades causadas pelo sangue quente, não há razão para usar seu *hakama* arrastando no chão. O comprimento correto, como foi durante a maior parte do tempo em que o *hakama* foi parte da vestimenta do dia a dia no antigo Japão, é que ele vá até o osso do calcanhar.

Por volta da metade do período Tokugawa, o *hakama* era usado tanto pela classe samurai quanto por mercadores e estudantes. Não é à toa que os fãs de filmes desse período do Japão reconhecerão roupas do tipo *hakama*, com as pernas amarradas, parecendo um tipo de pantalona. Estes são chamados de *momohiki*, usados por soldados de infantaria de classe inferior e outras pessoas nem sempre de classe militar. Dois tipos de *hakama* que também são vestígios da moda desta época são o *tattsuke-bakama* e o *nobakama*. Ambos são amarrados na cintura como o *hakama* comum, mas ambos têm as pernas mais ajustadas, mais como calças de estilo ocidental. O *nobakama* (*hakama* de campo) era uma roupa útil para ser usada em trabalhos nos campos. O *tattsuke-bakama* era usado tipicamente com as pernas amarradas para cima com o *kyahan*, ou perneiras de tecido. Essa é a roupa favorita dos "ninja" do cinema. Atualmente, elas são usadas principalmente por músicos de *taiko* e por *yobidashi*, os atendentes do ringue de torneios de sumo.

Mesmo depois da rápida ocidentalização do Japão após 1868, o *hakama* continuou a ser uma vestimenta formal para homens e, até a década de 1930 e a Segunda Guerra Mundial, eles eram bastante usados como roupa costumeira pelos homens japoneses (historicamente, o *hakama* era usado tanto por mulheres quanto por homens, especialmente durante o período Kamakura e depois no século XIX, nos períodos Taisho e Meiji). O fim da Segunda Grande Guerra assinalou o eclipse do *hakama* como um tipo de roupa tipicamente visto nas ruas do Japão. Mesmo que o estilo mais tradicional tivesse suportado a invasão da moda ocidental que assolou o Japão, a necessidade de economia de tecido do pós-guerra teria tornado o *hakama* muito caro para ser produzido. Mais de um dos primeiros alunos de aikido de Ueshiba Morihei se lembrava de ter precisado pegar emprestado um *hakama* dos parentes mais velhos para treinar — o que causava alguma consternação a seus donos, pois os *hakama* eram de seda cara e não aguentavam bem os rigores do treinamento. Atualmente, os homens ainda vestem kimono formal e *hakama* para certos eventos considerados apropriados para tais roupas: cerimônias de aposentadoria para *sumotori*, por exemplo, bem como para casamentos tradicionais. Mas certamente em fins da Segunda Guerra Mundial, o *hakama* como item da indumentária costumeira havia desaparecido totalmente no Japão. Seus únicos remanescentes são as peças de roupas regularmente usadas nos *dojo* de artes marciais em que é parte tradicional da roupa.

O *hakama* usado atualmente nos *dojo* é, tecnicamente, *joba-hakama*, uma versão com as pernas separadas (*joba* significa "andar a cavalo". A separação das pernas tornava mais fácil o ato de montar). Alguns *hakama* formais são na verdade saias sem separação das pernas, mas estes não são usados em nenhum tipo de treinamento de *budo*. Um *hakama* típico tem quatro pregas na perna direita e três na esquerda. Como reação da natureza ao vácuo, é uma característica da imaginação humana que, onde exista espaço, achamos algo para preenchê-lo. Esse é o caso da "razão" para as pregas cujo número, se acreditarmos nas histórias que circulam por aí, representaria as sete virtudes do guerreiro nobre — coragem, fidelidade, honra, higiene, bom contato com outras pessoas — eu não sei. Sei é que não existem evidências disso em nenhum texto histórico japonês sobre vestimentas que eu tenha visto. Na verdade, nunca ouvi essa explicação fora dos *dojo* ocidentais ou em livros que apresentam essa perspectiva. Suponho que isso é uma ideia fantasiosa ou, na melhor hipótese, uma ambiciosa ideia que veio de fora. Uma explicação mais razoável já surgiu: a perna direita, com menos pregas e, portanto, menos volumosa, seria mais fácil de ser movida, bem como o movimento de se levantar ou se abaixar, acreditando que a perna direita se moveria primeiro. A perna direita normalmente se movia primeiro, especialmente porque a espada sempre foi usada do lado esquerdo do quadril, assim, ao se levantar usando primeiro a perna direita a pessoa estaria menos vulnerável a um ataque de surpresa.

Há uma prega atrás do *hakama* (talvez, se acreditássemos nessa história sobre as virtudes representadas pelas pregas, ela representaria a parte principal ligada ao valor, pois facilita a habilidade de sair correndo). Dentro dessa prega, na parte de cima da roupa, fica um pequeno prendedor em formato de colher. É o *hera*, a palavra japonesa para espátula, devido à sua forma. A função do *hera* é ser colocado atrás da faixa para manter no lugar a cintura do *hakama*, facilitando que a parte detrás seja levantada um pouco. No hakama formal de seda que herdei do meu professor, e ele dos professores dele, os prendedores são feitos de marfim e provavelmente valem tanto quanto a própria roupa. O *hera* dos *hakama* atuais provavelmente são todos feitos de plástico.

A placa dura na parte detrás da cintura do *hakama* é o *koshi-ita*, ou placa da cintura. Nos filmes de kungfu de Hong Kong dos anos 1960 havia sempre um vilão japonês que inevitavelmente estaria vestido de kimono e *hakama* — e quase inevitavelmente o *hakama* estaria vestido de trás pra frente, com o *koshi-ita* na barriga. Ao menos um dos famosos "mestres" de artes marciais dos anos 1970, na cidade de Nova York, usava o *hakama* de trás pra frente e dizia que a placa era uma forma de "proteção do abdome". Essas pessoas que se diziam *experts* em *budo* naquela época nem sempre estavam bem informadas, mas certamente eram criativas. De qualquer modo, o *koshi-ita* deve ficar atrás e não na frente. E se você vir um *hakama* sem *koshi-ita*, provavelmente ele foi feito para ser usado por uma mulher, praticante de *kyudo*. As mulheres tradicionalmente usam o *hakama* mais alto na cintura que os homens, portanto o *koshi-ita* às vezes não era usado em *hakama* para mulheres. O *kyudo* continuou com essa prática.

Quase sempre o *hakama* é usado com uma faixa de tecido macio por baixo e amarrada em volta da cintura (exceto no kendo. Nesse caso o *hakama* é amarrado diretamente sobre a blusa. O *tare*, proteção do quadril, e o *do*, armadura do tronco, mantêm o *hakama* no lugar para o kendoka). Os praticantes de aikido que usam *hakama* normalmente optam pelo uso de uma faixa de tecido mais fina que as usadas nos *dojo* de karate ou judo, e a amarram na frente. Outros praticantes usam um *obi* mais tradicional e mais largo, que é passado algumas vezes em volta da cintura e depois amarrado com um nó chato nas costas, logo acima do quadril. O nó nas costas serve para criar um pequeno volume que puxa a parte de trás da bainha do *hakama* um pouco, evitando que o calcanhar prenda na bainha ao andar e impedindo que a bainha arraste no chão. Alguns aikidoka não usam dessa forma, afirmando que ao usar o nó na frente eles não pisam nem sujam a bainha do *hakama*. A isso eu pergunto: "Com que frequência você pratica na rua ou em terreno irregular ou em qualquer outro lugar que não seja sobre o chão coberto de tatami perfeitamente liso de um *dojo*?". E eles então insistem que o nó nas costas pode ser perigoso ou, ao menos, pode causar dor se alguém cai de costas durante o treino. A isso eu respondo: "Você não sabe amarrar o nó da maneira certa". Deixando de lado ambos os argumentos, o estudante sábio seguirá as convenções de seu *dojo*. Mas todos os praticantes cujo treino inclui o uso do *hakama* deveriam saber como amarrar o nó nas costas simplesmente devido à história dessa vestimenta. Em uso formal, o *hakama* sempre tem uma faixa larga por baixo, e sempre é amarrada nas costas.

E por falar em nós e formalismos, alguns artistas marciais que usam *hakama* usam o *ju-musubi* ou *juji-shime*, ou nó "em forma de dez", ao amarrar as faixas do *hakama*. O nome deriva da forma de cruz do nó, que se parece com o caractere do número dez em japonês. Essa é uma maneira formal de amarrar o *hakama*, como é usado em cerimônias do chá e em outras ocasiões semelhantes. Usado no *dojo*, a menos que seja em eventos especiais, o nó parece pretensioso. Pode parecer estranho que algo como a forma de fazer um nó possa ter a conotação de pretensão, mas a variedade de maneiras de se fazer laços na cultura japonesa pode ter um significado muito sério. Imagine, para ter uma ideia, como pode parecer estranho embrulhar o lixo em papel velho de jornal e depois amarrar o embrulho com um laço elaborado como se usaria para um presente de aniversário. As faixas do *hakama* usado para o treinamento diário e regular no *dojo* devem ser amarradas com um nó simples ou "quadrado", e as pontas devem ser colocadas para dentro, atrás da cintura. Há uma história que é contada em alguns *dojo* de que a ponta esquerda deve ser colocada por baixo da faixa, e que a ponta direita deve ser colocada por cima, porque isso representaria a dualidade de *in-yo* (yin-yang), suave-duro, e assim por diante. OK, talvez. Isso para mim soa da mesma maneira que "as pregas do *hakama* representam...". Em termos práticos, se sua arte envolve o uso de espada ou o ato de colocar e tirar um *bokken* da faixa como se usasse uma arma de verdade, colocar o lado direito da faixa do *hakama* sobre o *obi* diminuirá as chances de que ela se solte durante a prática.

As aberturas nos lados do *hakama* são chamadas de *soba*, o que significa literalmente "vista lateral". Outra palavra que é pronunciada da mesma maneira, mas que é escrita com outro kanji se refere a um tipo de macarrão. E por causa disso surgem algumas boas piadas. Mas basta dizer que, quanto ao *soba* do *hakama*, é uma falta de etiqueta andar por aí com as mãos nas aberturas como se fossem bolsos. A razão disso é que provavelmente uma pessoa que fica com as mãos escondidas assim poderia estar segurando uma arma, e os demais ficariam compreensivelmente desconfortáveis com a situação. Em alguns períodos do desenvolvimento do *hakama*, as aberturas do *soba* se estendiam até abaixo dos joelhos. O *hakama* formal ainda tem o *soba* mais largo e mais longo que os usados no *dojo*. Ao fazer suas tarefas no *dojo*, você pode prender o tecido da perna da calça do *hakama* nestas aberturas para ficar com as pernas mais livres. Antigamente — e nos filmes de samurai — a visão de uma pessoa prendendo a perna do *hakama* na abertura significava que ela estava se preparando para uma violenta batalha (ou ao menos para alguma coisa séria). O gesto é algo como o caubói puxando o casaco para liberar o acesso a sua arma que está no coldre, antes de um tiroteio. Prender assim a perna do *hakama* é chamado de *momodachi*, um termo obviamente arcaico que eu tinha orgulho de conhecer quando era mais jovem e que uma vez eu confundi, ao falar com vários japoneses mais velhos, como *momo-iroyugi*, que significa, literalmente, "da cor de pêssego", mas que é um eufemismo igualmente antiquado para "preliminares".

Dobrar um *hakama* depois de tê-lo tirado, após um treino, deveria ser uma parte diária das atividades de um *dojo*. Ele se dobra até um pequeno quadrado, as faixas são amarradas juntas em um nó, e assim não fica amassado ao ser guardado em uma bolsa. O ato de dobrar um *hakama* é uma habilidade que é mais bem ensinada por um aluno mais antigo ao mais novo no *dojo*. Não é muito difícil, mesmo que a princípio pareça intimidante lidar com todas aquelas pregas e faixas. A prática torna o ato quase automático, e esse processo funciona como um tipo agradável de ritual que conclui a sessão de treinamento, e que deixa o *hakama* dobrado sem amassados desnecessários.

O material dos *hakama* mais antigos era um tecido simples a base de fibras de *kuzu*, ou planta da araruta. Até o período Edo, uma variação desse tecido leve mas rústico, chamado de *kakko*, era popular para a confecção dos *hakama* que eram usados durante os meses quentes de verão. O *hakama* formal feito de um tipo de seda chamado de *sendai hira* surgiu há cerca de quatro séculos, e foi um melhoramento tecnológico de um método mais antigo de tecer a seda usado em Kioto, chamado de *nishijin*. O *sendai hira* é um tecido lustroso de brilho suave que não amassa facilmente e é confortável. Os *hakama* feitos com esse tecido são roupas extremamente caras e felizmente não são apropriados para o uso no *budo*, com a exceção de exibições e demonstrações muito formais. O *hakama* para uso no *dojo* é algo como uma moda retrô, que faz um retorno à era dos materiais mais simples de fibras vegetais. Quando o algodão se tornou muito usado no Japão, o *hakama* usado para o *budo* passou a ser feito desse material. Hoje em dia, são usadas fibras mistas e materiais sintéticos. Alguns destes mantêm as dobras melhor que outros. Se você pratica em um *dojo* de aikido que coloca muita ênfase em técnicas de joelhos, deve pensar em usar um tipo mais forte de tecido para manter os joelhos da roupa intactos pelo maior tempo possível. Se seu treino é feito com frequência em áreas externas, você deve pensar em usar uma versão de algodão puro, pois ele resiste melhor às lavagens que outros tecidos.

Hakama sabaki é a habilidade de andar, treinar e sentar usando um *hakama*. Pode ser um tanto mais difícil do que parece no início. Se um aikidoka ou iaidoka que usa *hakama* há muito tempo lhe disser que nunca tropeçou na bainha durante sua prática, ou ele é extremamente gracioso em seus movimentos ou um mentiroso. O método de andar de modo bem-sucedido de *hakama*, mover-se com rapidez e elegância, requer alguma prática. *Gaki-daisho* é uma expressão arcaica para o andar arrogante de uma pessoa que carrega um par de espadas. O falecido ator Toshiro Mifune frequentemente adotava esse modo de caminhar quando fazia o papel de samurai em filmes, com as pernas do *hakama* balançando a cada passo. Os verdadeiros samurai eram admirados por andar *shizo-shizo*, ou silenciosamente, com os joelhos levemente flexionados, para que seus *hakama* quase não se movessem. Caminhar de *hakama*, especialmente em ambientes externos, pode ser um teste de habilidade, especialmente em um tempo úmido e usando sandálias tipo *zori*. O *zori* ou algum tipo de sandália ou o tamanco *geta* eram os únicos tipos de sapatos que os japoneses pré-modernos possuíam. Invariavelmente, jogavam lama ou água nas costas de quem os usava, se a pessoa não fosse cuidadosa. É uma experiência interessante se você tiver a oportunidade: caminhe por um gramado molhado usando *zori* e *hakama*, depois tire o *hakama* e veja se a parte detrás está seca.

Ao sentar-se no chão, existem alguns truques que podem evitar que as pernas do *hakama* se embolem sob suas pernas. Um é do Ogaswara *ryu*, uma escola de etiqueta que criava as normas e as regras para a classe guerreira e que é bastante comentada no capítulo sobre a reverência. Recomenda-se que se faça um movimento suave para a esquerda e para a direita com as pernas do *hakama* por trás dos joelhos antes de se sentar, fazendo com que o tecido voe para os lados como as asas de uma ave depois que ela pousa. (Suave é uma palavra importante aqui. Ostensivamente mover o tecido com um "pop" distinto é um aborrecimento, de acordo com o protocolo do Ogaswara *ryu*.) A pessoa passa a mão pelo lado de dentro da perna esquerda ao começar a se ajoelhar, depois repete com a perna direita. Se for feito corretamente — isso requer alguma prática para que pareça e seja natural —, as pernas do *hakama* cairão para o chão e não ficarão enroladas nas suas pernas quando você tentar se levantar. Na etiqueta da cerimônia do chá, há algumas variações. Em um dos métodos, ambas as mãos são levemente pressionadas contra as coxas ao se ajoelhar, escorregando pelo comprimento das pernas até quase antes de os joelhos tocarem o chão, e então as mãos alisam a frente das pernas do *hakama* em direção aos lados. Em outro método, ambas as mãos alisam para trás as pernas do *hakama* pelo lado de dentro dos joelhos simultaneamente enquanto a pessoa se ajoelha. Essas variações refletem diferentes escolas de etiqueta do antigo Japão, algumas das quais tiveram influências sobre os *ryu* de cerimônia do chá.

Quem usa o *hakama* em um *dojo*? Na maioria dos *koryu* clássicos, o *hakama* é usado desde o início do treinamento. O mesmo acontece com o iaido, kyudo e naginata-do. O aikido parece ser o único *budo* em que o uso do *hakama* é algum tipo de privilégio ou prova de graduação. Por que isso evoluiu dessa maneira no aikido é um mistério. Mas não foi sempre assim. A maioria das fotos mais antigas de treinos de aikido (por volta de 1930) mostra todos os praticantes usando *hakama*. Só algum tempo depois da Segunda Guerra Mundial que o *hakama* passou a ser ligado às graduações nos *dojo* de aikido. Uma possível explicação para esse fato é que, com o rápido crescimento da arte, os professores precisavam de uma forma rápida de identificar os principiantes, portanto o *hakama* era reservado aos que receberam a graduação de *dan*. Um cenário mais provável foi sugerido por mais de um dos alunos da arte do pós-guerra: qualquer tipo de tecido era extremamente raro depois da derrota para os Aliados. Mesmo que Ueshiba fosse rígido com a formalidade relacionada ao uso do *hakama* em aula, as circunstâncias provavelmente impediam que a maioria de seus alunos pudesse pagar pela vestimenta. Assim, começou a prática de "bem, apenas os alunos mais avançados *precisam* usar o *hakama*". Se for verdade, é irônico que as tradições do *dojo* de aikido foram mudadas, e agora apenas os alunos avançados tenham a permissão para usar a roupa. Outra anomalia do *hakama* no aikido tem sido seu uso entre as mulheres. Enquanto os homens não podem usá-los até chegarem a determinada graduação, as alunas usam o *hakama* assim que começam a treinar. Por quê? A explicação "oficial" é que isso se deve à "modéstia feminina". Aparentemente, alguns professores de aikido de meados do século XX consideraram que seria um risco as mulheres usando calças. E assim surgiu a ordem de que as mulheres usassem o *hakama*, não importando suas graduações. Apenas é necessário que se saiba os rudimentos da história social recente para imaginar como isso foi recebido pelas mulheres.

A maioria dos praticantes de artes *koryu* não usa calças sob o *hakama*, mas os praticantes de aikido as usam. Existe uma explicação — esta é mais apresentada com referência ao assunto, mencionado acima, das mulheres usando *hakama* no *dojo* de aikido — de que as calças eram originariamente roupas de baixo usadas sob o *hakama*, portanto a prática de cobri-las é tradicional e referente ao pudor. Não daria certo que mulheres treinassem usando o que era, essencialmente, uma roupa de baixo. Não mesmo. Não existia nada como as calças modernas no Japão pré-moderno, como vimos no capítulo anterior, sobre o *keikogi*. O hábito de usar calças sob o *hakama* deve ter surgido em virtude do uso do *suwari-waza*, as técnicas do aikido que são praticadas na posição de joelhos. A camada extra de tecido entre os joelhos e o tatami pode dar alguma proteção contra arranhões e "queimaduras". Como os primeiros alunos de Ueshiba vieram do judo, que tinha recentemente adotado as calças como parte de seu uniforme, eles podem ter tornado isso uma peça que acabou sendo aceita como parte da roupa de treino de aikido. Se você usar calças sob o *hakama*, tome cuidado para que a bainha das calças não fique abaixo da bainha do *hakama*. Isso é completamente fora de "moda". É claro que existem os fora de moda e existem os que vão contra a moda. Usar a faixa por fora do *hakama* para demonstrar a graduação está nesta última categoria. Algumas escolas clássicas de artes marciais podem fazer isso, para simular a faixa que prende a espada longa, ou para facilitar a prática de colocar e retirar a espada do local onde ela seria usada, ou mesmo para ser usada como lugar para ser segurado na prática de técnicas de agarramento. Mesmo assim, quando usada enrolada na cintura por fora do *hakama*, a faixa dá a impressão de que a pessoa não resiste à tentação de exibir sua graduação — mesmo com o risco de parecer tola com isso.

Ao considerar o papel do *hakama* no *dojo* de *budo* ou em qualquer outro lugar, é necessário lembrar de uma frase normalmente usada para os kimonos japoneses: "*Kae nai, kirare nai, tatami nai*" (Não tem dinheiro para comprar, não sabe usar corretamente, não sabe dobrar). O homem japonês comum, usando um *hakama* em seu casamento ou em algum outro evento (hoje já existem *hakama* com velcro para imitar a aparência de um nó verdadeiro), costuma vê-lo mais ou menos da mesma maneira que um ocidental reage a um terno alugado. Tanto o japonês quanto o ocidental podem achar as roupas formais respectivas quase tão ruins quanto vestir-se com espinhos de ouriço. Mas os espinhos não são muito piores. As pessoas que no Japão e em outros lugares passam tanto tempo vestidas com essa saia esquisita deveriam aprender a usá-la corretamente. Mas devemos ser tolerantes com as pessoas que se espantam com nossa escolha de usar uma roupa assim, que, para ser honesto, é um bom sinal de que nós também somos meio esquisitos.

5

ARMAS

BUKI

Entardecer. Um interlúdio. Hordas de trabalhadores saindo de seus trabalhos e dos escritórios por toda a cidade de Tóquio, imprensados em trens em uma densidade que fica impossível respirar, a agitação finalmente está diminuindo até quase terminar. Ainda é muito cedo para que os festeiros da noite apareçam, e, se você estiver andando em um dos muitos trens da cidade, encontrará um assento — ou um vagão inteiro — só para você. Quatro de nós tínhamos feito isso, na linha azul de Tozai saindo da estação de Nihonbashi. Uma das pessoas no trem era uma moça de uns vinte anos, uma *chajin*, estudante da cerimônia do chá, sentada na beirada do assento com uma postura delicada, vestida com um kimono com desenhos azuis e brancos. Poucos assentos depois estava um kendoka, sentado ereto, com os punhos apoiados nas coxas, alerta. Ao lado dele estava sentado um *shokunin*, recostado para trás, com os braços confortavelmente cruzados na altura do peito, cochilando depois do que deve ter sido um duro dia de trabalho como madeireiro.

Qualquer bom Sherlock Holmes poderia ter mostrado ao Dr. Watson os sinais que poderiam identificar os passageiros. Poucas mulheres usam kimono hoje em dia, por exemplo. A não ser que estejam envolvidas com uma arte tradicional como a cerimônia do chá. O *shokunin* tinha os dedos largos e ásperos de um homem que martela e lixa mais do que por *hobby* — ou mesmo mais do que simplesmente para viver. Suas mãos eram calejadas, as mãos de um artesão que constrói porque é isso que ele ama fazer. O kendoka? Ele tinha a mente ligada e os olhos de aço de um artista marcial, um espadachim do século XX. Mas as verdadeiras dicas de suas atividades eram as coisas que eles carregavam. Os objetos ao lado de cada um deles os marcavam tão distintamente como impressões digitais, ferramentas que os japoneses chamam de *dogu*: instrumentos do Caminho.

Culturas, civilizações, mesmo com as ferramentas mais primitivas que possuíam, inevitavelmente demonstram respeito a esses objetos. O caçador da Idade da Pedra que confeccionasse uma ponta de pedra para uma arma de caça sentiu, sem dúvida, algo além da simples satisfação técnica pela arma que fez para defendê-lo e para caçar seu alimento. Os objetos não são, por definição, obras de arte no verdadeiro sentido da palavra. Mas o objeto bem feito e bem utilizado também não pode ser considerado puramente utilitário. Os instrumentos das artes e caminhos tradicionais do Japão são exemplos evocativos desta atitude, uma atitude que expressa um sentimento pelo objeto que o torna estimado — pelo menos para alguns de nós — como algo entre um instrumento prático e uma obra de arte. Os instrumentos no Japão pré-moderno eram usados para criar, assim como em qualquer outro lugar. Os *dogu*, no Japão, também há muito tempo eram considerados capazes de elevar o espírito de seus usuários. E assim o relacionamento entre o artista e seus instrumentos transcende a simples habilidade. Os *Dogu* funcionavam como veículo (e ainda funcionam) para uma viagem por um caminho filosófico, potencialmente transformador. Reconhecer esse aspecto do *dogu* japonês é compreender sua essência. Compreender que isso se aplica aos "instrumentos" do artista marcial é captar um conceito fundamental de sua arte.

Com exceção de algum *kata* avançado que envolve o uso de uma faca falsa e espada de madeira, o judo normalmente não faz uso de *buki*, ou armas, em sua prática. Outros *budo* o fazem, e elas são uma presença constante na maioria dos *dojo*. O aikido usa facas, espadas e bastões. O kendo, é claro, usa "espadas" de bambu bem como espadas de madeira e de metal (chamadas de *shinken* se tiverem a lâmina afiada e de *mogito* ou *iaito* se as lâminas forem deliberadamente sem corte para que a prática seja mais segura), que são usadas para os exercícios de *kata*. Nas artes devotadas ao uso de lâminas de cabo longo ou alabardas, chamadas de *naginata*, ou réplicas de madeira, são usadas algumas com cortes de bambu em vez da lâmina cortante convexa e afiada. Bastões, variando de varas longas de cerca de 2 metros até o *hanbo* ou *tanjo* curto — todos são incluídos nas variadas formas de treinamento de *budo*. O karate-do frequentemente usa algumas das diversas armas de Okinawa. O budoka rapidamente se acostuma a ver algumas delas pelo *dojo*.

A maioria das armas são modelos para a prática, feitas de madeira, frequentemente o carvalho-branco. Mas pensar nelas como simples substitutos seguros para a prática é um engano. As espadas de madeira, chamadas de *bokken* ou *bokuto*, foram usadas em duelos durante a Era Feudal do Japão e, em mãos hábeis, causaram ferimentos graves e mortes. De qualquer modo, as armas no *dojo* devem sempre ser tratadas como armas "verdadeiras" em todo o sentido da palavra e com o devido respeito. A história dessas armas de madeira provavelmente é quase tão antiga quanto a das armas verdadeiras que elas representam, e, na verdade, as de madeira podem ter sido as predecessoras das de metal. No caso da espada, espadas semelhantes a porretes proto-históricos feitos de pedra representam a mais antiga encarnação de *buki* do Japão, apesar de estranharmos a questão do lado prático de seu uso. Espadas mais eficientes foram levadas para o Japão da China ou de algum outro lugar da Ásia continental, junto com as informações sobre metalurgia necessárias para forjá-las. Mas dada a abundância de madeira dura no Japão, os guerreiros do passado devem ter experimentado as espadas de madeira que imitavam uma arma de metal, especialmente depois que a curvatura que distingue a espada japonesa se tornou predominante em certo momento depois do século VI.

Um *bokuto*, ou espada de madeira, não pode cortar, é claro. Mas sua lâmina cega é absolutamente eficiente para quebrar ossos. Mesmo um pequeno golpe poderia ferir ou aleijar permanentemente, atordoar ou matar. Além disso, com uma lâmina sólida de madeira, seu usuário não teria a preocupação de lascar ou quebrar a lâmina ou a junta (onde a lâmina é inserida no punho), e esses danos poderiam ocorrer com um metal comparativamente mais fino na violência do combate. Mesmo que o guerreiro preferisse o aço afiado em suas mãos em uma batalha, o *bokuto* imediatamente encontrava um lugar em seu treinamento. E, repita-se, seria errado pensar nisso como uma alternativa de "segurança". Mas, mesmo assim, era *mais seguro*. E o que também era importante, uma espada de madeira suportava os rigores dos exercícios de treinamento melhor que uma espada de aço, e se quebrasse ou lascasse, era mais fácil de ser substituída.

Realmente, todas as artes marciais clássicas usaram o *bokuto* em sua prática. A maioria delas preferia modelos específicos, com o comprimento, o peso ou o tamanho que melhor se adaptasse às técnicas do *ryu*. Alguns, como o Jigen *ryu* de Kyushu, usavam um *bokuto* pesado. Isso funciona não só como método de prática mas também um pouco como equipamento de levantamento de peso. O extremo do *bokuto* como "peso" é o *suburito*. Estes são *bokuto* grossos e muito pesados normalmente manipulados durante a prática solo, cortando o ar, e a resistência do peso trabalhando como um elemento para aumentar a energia e encorajar o uso adequado dos músculos, parando a espada exatamente no lugar certo. Outras escolas de espada, como o Shinkage *ryu*, preferem espadas de madeira que são muito mais leves que uma espada verdadeira. A finalidade com esse tipo de *bokuto* é ensinar o ritmo particular do *ryu*. Alguns sistemas insistem no uso de um guarda de mão de couro grosso exatamente no lugar em que a *tsuba* de metal (guarda) ficaria em uma espada de metal (o melhor couro para esse fim vem de uma espécie de búfalo de água que não é nativo do Japão e que está se tornando raro em sua região de origem, o sudeste da Ásia. Na virada do século passado, o Japão adotou uma quase proibição sobre a importação dessas peles. Atualmente, pode ser usado couro de porco ou outros tipos de couro, mas há muitas reclamações de que eles não são tão bons como o tipo feito com o couro de búfalo. De fato, essas guardas mais grossas e mais fortes, quando são encontradas, têm um preço muito mais alto em lojas de suprimentos para artes marciais que os próprios *bokuto*). Outras escolas evitam qualquer tipo de guarda, por várias razões. Na verdade, é possível se fazer algumas observações inteligentes sobre a natureza técnica de um *ryu* observando-se o *bokuto* e as demais armas que são usadas na prática.

Quase tão conhecido quanto o *bokuto* é o *shinai*, o principal *dogu* da arte do kendo. A historia do *shinai* começa bem no início da Era Feudal, pelo menos antes da primeira parte do século XVI. Duas escolas muito antigas de espada, Maniwa Nen *ryu* e Shinkage *ryu*, desenvolveram separadamente o *shinai*. Eles eram pedaços de bambu aproximadamente do mesmo comprimento das espadas preferidas de cada *ryu*, cortados longitudinalmente em quatro ou oito pedaços e depois presos, ou com um tecido grosso no caso do Nen *ryu* ou com couro, que era usado para prender o *shinai* do Shinkage *ryu* (estes eram *fukuro shinai*, ou "*shinai* em um saco"). Só em meados do século XVIII o *shinai* deu mais um passo em sua evolução. Por essa época, os sistemas marciais de espada, em alguns casos, haviam se modificado para formas mais modernas que atraíam mais a multidão e que podem ser classificados como a primeira versão do kendo que existe hoje. Com milhares de praticantes, poucos deles vindos de classes guerreiras por hereditariedade e, portanto, sem a mentalidade ou a base para confrontar os perigos de treinar com o *bokuto*, foi necessário usar uma arma mais segura. Nakanishi Chuto, que viveu por volta de 1700 e era um mestre do Ono-ha Itto *ryu* de espada, criou essa arma. Ele por fim fundou sua própria escola, a Nakanishi-ha Itto *ryu*, que delineou técnicas e estratégias que são muito semelhantes ao moderno kendo. Nakanishi usou uma versão do *fukuro shinai*, adicionando a ele, em seu *dojo*, um *kote* (luva) grosso acolchoado de tecido, para proteger a mão do aluno contra ataques nessa área.

Uma coisa que normalmente não é contada sobre a história do kendo que dá a Nakanishi o mérito por essas inovações é o fato de que alguns de seus alunos desaprovaram essas medidas de segurança. Eles as encaravam como contrárias ao espírito do *budo*, uma questão que degradaria a arte. De certa maneira, isso criou uma controvérsia que persiste até hoje. As formas do *budo* foram sempre separadas entre os que, por um lado, buscavam torná-lo mais seguro e mais acessível, com a adição de armaduras, acolchoamento, armas substitutas, e os que, por outro lado, desejavam manter a forma "pura" da arte (é claro, existem questões sobre o que constitui essa pureza). Ambos os lados têm bons argumentos. Se eu não estiver com medo de que sua arma quebre meu pulso ou amasse meu crânio — ao mesmo tempo que não tenho medo de ferir você —, estou mais livre para explorar as possibilidades de executar as técnicas que estou aprendendo no treinamento. Não precisamos nos preocupar em segurar artificialmente nossos golpes. Ganhamos confiança sabendo que, se desviamos ou bloqueamos um ataque, não foi só porque nosso companheiro permitiu, pois ele pode fazer o ataque completamente. Temos de lidar com ele de modo honesto e real. Por outro lado, se eu não estiver preocupado em ser ferido quando você atacar, serei descuidado quanto a esse ataque. Certo, você bateu contra meu punho acolchoado ou sua arma roçou contra minha cabeça quando me movi para atacá-lo, mas eu quase não senti. E se isso for uma competição, o árbitro irá desconsiderar seu toque acidental e me dará o ponto. Mas certamente essa atitude descuidada é contrária ao espírito do verdadeiro combate do *budo* sério. Se a espada fosse de verdade, esses arranhões "acidentais" poderiam ter resultado na imediata amputação da minha mão, minha artéria carótida teria sido cortada em um piscar de olhos. Na verdade, basta se olhar para o triste espetáculo do kendo muito modernizado, com suas posturas descuidadas e ataques mal planejados e desesperados, para se imaginar o que acontece quando o elemento perigo é efetivamente removido. Além disso (como dizem os que argumentam contra essas inovações), é impossível proteger os verdadeiros ataques nos quais uma verdadeira espada funciona com maior eficiência: contra dedos, artérias da virilha e sob os braços. Essas áreas não são cobertas por armadura. Assim o kendoka desenvolve um sentido deformado da arte da espada por continuadamente desferir ataques contra a cabeça e o torso e outras áreas que não seriam nunca acessíveis em um inimigo que estivesse usando uma armadura em um campo de batalha.

Essa discussão tem méritos em ambos os lados, mas é inegável que, quando Nakanishi e outras pessoas começaram a fazer experiências com essas mudanças, a sorte estava lançada. Na última parte do século XVIII, Nakanishi adicionou um avental acolchoado, ou *tare*, para proteger as coxas e a virilha, e um *men*, o capacete com armação de aço que evita ferimentos no rosto. Ao mesmo tempo, ele reformulou o *shinai*, adicionando tiras de bambu para torná-lo mais flexível, e depois reduziu esse número e arredondou as pontas do bambu para um efeito mais leve e aerodinâmico. Ele tirou a bolsa e juntou as partes com tiras de couro e adicionou uma guarda redonda de couro. Nakanishi também criou uma relativa padronização do tamanho do *shinai* em cerca de um metro. Mas isso não funcionou, e os alunos apareciam nas aulas com *shinai* de quase dois metros de comprimento ou ainda maiores (no século XX, autoridades do kendo no Japão posteriormente classificaram essas medidas, especificando o tamanho máximo para o uso de crianças, estudantes e adultos). Na década de 1970, foi dado mais um passo no desenvolvimento do *shinai*, quando passaram a ser feitos de carbono e grafite e polímeros que substituíram completamente o bambu. Realmente indestrutíveis, esses *shinai* custam caro, e mesmo enquanto os tradicionalistas do kendo não querem usá-los, eles estão se tornando populares. Tendo em vista a história do *shinai*, dificilmente sua presença pode ser considerada um insulto ao "velho estilo". Na verdade, é apenas mais um novo capítulo no desenvolvimento do kendo que começou há tantos anos com Nakanishi e que provavelmente continuará adiante.

Outra arma de madeira muito comum encontrada no *dojo* atualmente é o *jo*, ou bastão. Armas como essa e do mesmo tamanho têm uma longa história nas artes de combate japonesas. O *jo* deve o avanço em seu desenvolvimento a Muso Gonnosuke Katsuyoshi, nascido em alguma parte das últimas décadas do século XVI. Muso era mestre em pelo menos duas escolas de artes marciais. Sua especialidade era o bastão longo, ou *bo* (são usados dois kanjis diferentes para diferenciar entre *jo* e *bo*. A melhor forma de lembrar é que o *bo* normalmente tem ao menos dois metros de comprimento. Um *jo* é mais curto, normalmente por volta de um metro e vinte centímetros. A palavra *bo* também se refere a cajado de madeira ou bastão. Assim, o neologismo irritante que ouvimos de pessoas que não falam japonês, que o chamam de "bastão-bo", é o mesmo que chamar alguém de "senhor-homem"). Muso teve sucesso em diversos duelos até o dia em que encontrou o famoso espadachim Miyamoto Musashi e o desafiou. Musashi venceu Muso usando apenas um pedaço de madeira que estava carregando. Envergonhado, Muso se retirou para o alto de uma montanha para um treinamento ascético de sua arte. Ele foi recompensado por uma visão, que o levou a encurtar seu bastão. O resultado foi a fundação de um *ryu* para o *jo* que continua existindo. Outras escolas e artes usam variações desse bastão curto. Em algumas, ele é um tipo de arma de emergência, que surge nas mãos do praticante quando seu bastão mais longo ou sua lança se quebra durante o combate. Em outras, ele é mais ou menos disfarçado, como um bastão de caminhada. No aikido, o *jo* é principalmente usado como meio de ilustrar, praticar e refinar os elementos da arte. É um meio complementar de treinamento que busca fortalecer as habilidades do praticante nas técnicas de mãos vazias que são a base do aikido.

Não importando qual é a forma específica da arma — e ao mencionar o *bokuto*, o *shinai* e o *jo* estamos apenas apontando as mais comuns; existem dúzias de armas —, elas normalmente ficam em "estantes de armas", ou *kake*, nas paredes do *dojo*. Fora do Japão, algumas vezes essas estantes são colocadas no *shomen*, ou parede da frente. Mas não deveriam ser colocadas lá. Como discutimos no capítulo sobre o *kamidana*, a parede da frente do *dojo* é um lugar especial, não deve ficar atravancado e não deve haver muita gente andando nessa área, apanhando ou colocando no lugar as armas que são usadas durante a aula. Essas estantes deveriam ser colocadas nas paredes laterais ou do fundo do *dojo*. Em alguns *dojo*, existem regras sobre a localização específica das armas. Elas variam, e as razões para isso também variam. Em alguns lugares, a parte da arma pela qual ela é segurada é colocada mais perto da entrada por onde os membros se aproximam. A razão é que essa arrumação é conveniente. Em outros, a regra é exatamente o contrário. O punho da espada ou de outras armas será colocado longe de onde pode ser alcançado, e as razões para isso são históricas, pois, durante as guerras civis do Japão, não se queria que um intruso tivesse acesso facilitado a uma arma ao entrar no *dojo*. Observe qual é o costume no seu *dojo* e o siga. E não se preocupe muito com a possibilidade de alguém invadir e criar confusão pegando uma arma. Atualmente essa não é uma ocorrência comum nos *dojo*.

Se não houver estantes, as armas são colocadas no chão junto às paredes do *dojo*, para mantê-las fora do caminho e evitar que alguém tropece nelas. Isso parece ser uma coisa sensata. Mas se alguém usa uma arma e não é cuidadoso, e a deixa largada no chão quando o professor parou a aula para dar alguma explicação ou quando os praticantes mudam de papéis entre ataque e defesa, cedo ou tarde alguém pode tropeçar. Quando elas são colocadas no canto do chão ou da área de treinamento, elas devem ficar com a ponta, se tiverem lâmina, virada em direção contrária à frente do *dojo*.

Na maioria das vezes, os alunos devem ter suas próprias armas. Elas devem ser consideradas dele, não devendo ser tocadas ou usadas sem sua permissão. Uma explicação para isso é que a espada é a "alma do samurai"; e era vista como uma extensão dele, portanto, o *bokuto* e outras armas de treinamento devem ser tratadas como uma extensão de seu dono ou como um objeto quase sagrado. Há alguns *dojo*, talvez bem-intencionados, mas mesmo assim pretensiosos, que usam rituais complexos quanto à aproximação da estante de armas, sobre como fazer uma saudação ritual, coisas assim. Isso é uma grande bobagem romântica. Espadas são utensílios. Assim como o formão e as serras do carpinteiro, elas são o *dogu* do trabalho do samurai. Podemos dizer que são objetos que detêm importância crítica, pois a vida de seus donos depende de tais objetos. Da mesma maneira que um soldado moderno não vai querer que outra pessoa use seu rifle, o samurai queria ter a certeza de que sua arma estaria em boas condições e pronta para o uso, assim ele faria o que fosse necessário para ser a única pessoa a tocá-la. Suas preocupações quanto a esse assunto são mais de natureza prática que espiritual. Entretanto, é importante saber que o Japão tem uma longa tradição em dar uma condição especial ao *dogu* de qualquer espécie, e isso é acentuado no caso das armas.

Durante o longo período feudal do Japão, um samurai que estivesse caminhando em uma rua lotada de gente seria instantaneamente confrontado caso deixasse que a bainha de sua espada batesse contra a arma de outro guerreiro. Tocar uma espada ou qualquer outra arma sem permissão seria uma grave ofensa à etiqueta. E é verdade que existem atitudes específicas a ser tomadas ao segurar a própria espada que podem parecer um tanto excessivas para nós. Por exemplo, quando um samurai limpava e lubrificava sua arma, ele deveria manter um pedaço de papel quadrado entre os dentes para que a umidade de sua respiração não molhasse nem um pouco a lâmina, evitando com isso o risco de enferrujá-la. Assim, para colocar em perspectiva a questão das armas no *dojo*, temos de compreender o equilíbrio entre as qualidades práticas e espirituais que elas representam. Por que é assim na história do *budo*, e como isso difere das atitudes que prevalecem no Ocidente em relação aos objetos é em geral uma questão interessante.

Se olharmos a linha do tempo, não haverá um momento específico a ser notado, mas em algum momento durante o século XIX da nossa Era de Revolução Industrial o conceito de estética relacionado ao de objeto utilitário desapareceu quase completamente no Ocidente. Feito em série, em linhas de montagem, tudo, de martelos a canetas, perdeu sua individualidade. Os objetos perderam a exclusividade personalizada que tinham quando eram feitos individualmente, frequentemente pelo dono ou por alguém que sabia das necessidades do futuro dono. E as pessoas que os possuíam e usavam também perderam o sentimento de afeição por seus objetos. O americano que vivia na fronteira, por exemplo, tinha grande apreço por seu rifle, e seu neto, que trabalhou nas minas de carvão da Pensilvânia, jamais sentiu algo assim por sua picareta. No Japão, essa transição de *dogu*, com toda a conotação especial que essa palavra possui (literalmente, *dogu* significa "instrumento para o Caminho"), para um simples instrumento utilitário só aconteceu recentemente. E isso ocorreu porque o Japão não passou pelas amplas mudanças trazidas pela Revolução Industrial até depois da Segunda Guerra Mundial. Além disso, o Japão feudal compreende, entre outras coisas, um período de dois séculos de celebração aos artistas e artesãos, e assim as ferramentas receberam um lugar dentro da cultura que não era universal em todas as partes do mundo. E naturalmente isso se aplicou aos *dogu*, as ferramentas do guerreiro.

Apesar de os processos de manufatura em massa que pode ter lhes tirado as qualidades individuais, e de uma população que era em grande parte rural e assim tinha uma constante e variada necessidade delas, as ferramentas japonesas permaneceram sendo produtos feitos à mão por séculos. O *dogu* representa uma forte ponte entre a arte e a ferramenta, entre o estético e o utilitário. Os japoneses responderam a essa ligação atribuindo sentimentos a esses objetos que usualmente seriam bens comuns, o que revela um elemento da cultura japonesa de maneira extraordinária. Não é de surpreender que esse sentimento foi dramaticamente evidente quanto às armas da classe samurai. Desde o período inicial da arte de forjar uma espada no Japão, elementos de religiosidade e de espiritualidade foram adicionados ao processo. A oficina do ferreiro invariavelmente possui um *kamidana* xintoísta, exatamente como os que são descritos no capítulo sobre eles. Os ferreiros continuam a fazer abluções e orações antes do trabalho. Existe, em sua manufatura, algo de místico em alguns casos. Mas, mesmo que não acreditemos em histórias não confirmadas e em superstições, devemos reconhecer o papel das espadas e de outras armas, e devemos ter consciência de que esse papel não foi inteiramente o de utilitário.

A presença de armas em um *dojo* deve gerar uma compreensão madura sobre o perigo que é inerente a todo o *budo*. Não importa se elas têm lâminas afiadas ou se são simplesmente versões de madeira. Bata com força seu dedo sobre uma mesa: isso não machuca, e, a menos que você tenha um misterioso poder de "toque da morte", isso não causará nenhum mal indevido a ninguém. Mas pense por um momento sobre o que um golpe com a mesma força faria ao seu pulso ou ao seu dedo se fosse dado com um bastão. Armas aumentam muito a força e a velocidade do movimento. E mesmo que você treine sem elas, o *budo* pode ser perigoso. Quando elas são adicionadas ao treinamento, é necessário estar sempre vigilante e sempre considerá-las capazes de causar um ferimento sério. Hoje, a maioria dos budoka não são tão meticulosos como os samurai do passado quanto ao *buki*. Mas eles deveriam continuar a tratar suas armas com muito cuidado e, se forem sérios quanto à sua arte, é natural que vejam nesses objetos qualidades que os separam de objetos comuns. Isso pode ser parte superstição, parte um senso estético, e, sim, parte espiritual. De qualquer modo, isso se aplica às armas do *dojo* e a tradição deve ser respeitada.

6

O SANTUÁRIO XINTOÍSTA

KAMIDANA

Geralmente, o iniciante entra no *dojo* pela primeira vez com a crença de que embarcou em uma nova direção em sua vida e, na verdade, apesar de ser novidade em alguns sentidos, essencialmente será muito semelhante às coisas que ele fez antes. Ele suspeita que verá coisas incomuns. Afinal, isso é uma arte japonesa, e existem poucas culturas mais exóticas ou estranhas, pelo ponto de vista dos japoneses, que a do Japão. Mas veja bem, isso é basicamente uma atividade física. Você vai a um determinado lugar, usa a roupa apropriada, faz um aquecimento e participa da aula. Depois toma um banho e vai para casa. Você cria amizades dentro daquele grupo e espera que, gradualmente, se torne mais hábil nisso. Tirando o fato de que você não pode tomar uma cerveja na hora da aula e que economiza o preço da bola, não é muito diferente de fazer parte de um time de boliche, certo? Se você está entrando em um *dojo* sério e tradicional, essa atitude dura mais ou menos dez minutos. Apenas o suficiente, até que o professor bata palmas, ou até que um dos alunos mais antigos vá para um lugar e os demais o sigam e se alinhem ao seu lado, e de repente estão todos se ajoelhando e há mais bater de palmas e reverências na direção de uma pequena e não muito bem decorada "casinha de bonecas" colocada cuidadosamente em uma prateleira. E, após o início, você fica se perguntando se, em vez de ter entrado em uma academia de artes marciais, não cruzou com algum tipo de culto, e se logo vão lhe pedir que raspe a cabeça e vá pedir dinheiro nas esquinas. Mas não vai além disso. No entanto, se for um verdadeiro *dojo*, no qual se ensina e pratica um *budo* tradicional, é provável que o aluno logo tenha contato, talvez seu primeiro, com o xintoísmo. E então ele deve chegar a uma conclusão, se é que já não chegou: o que está acontecendo por aqui não é algo que um jogador de futebol ou um canoísta de fim de semana terá de lidar ao escolher seu passatempo.

Não é nosso objetivo nem iremos tentar abranger aqui a relação entre o xintoísmo e o *budo* no Japão. E certamente está além de minha capacidade tentar explicar o xintoísmo como religião e como estrutura de crenças populares inerentes à civilização japonesa. Portanto, serei o mais breve possível.

A água flui — *nagare* em japonês — inevitavelmente. Às vezes o fluxo é poderoso e em ondas, às vezes em correntes e redemoinhos tão lentos que parecem parados. Ela se move, gorgoleja, borrifa e ruge. Mas, onde quer que haja gravidade, a água estará fluindo. Em sua essência, o xintoísmo é um modo de olhar a vida em termos de *nagare* — fluidez. Com ritmo semelhante ao fluxo da água, a vida se move; às vezes, com rapidez; outras, com agonizante lentidão, mas sempre está em movimento. Nosso nível de consciência desse fluxo e nossa habilidade de seguir com ele são os impulsos unificadores do xintoísmo. Em seu coração está o conceito de que a vida flui e que as mudanças, as renovações, a decadência, o descanso e o crescimento são todos partes naturais da cadência das coisas sobre a Terra. Portanto, é melhor que nos ajustemos e aprendamos a apreciá-los — sempre tendo em mente de onde eles emanaram e aonde, eventualmente, deverão nos levar. Assim, existe dentro do espírito do xintoísmo um sentimento de inexistência do tempo. Nossos ancestrais e nossa posteridade estão todos na mesma corrente, junto de nós. Mesmo que eles não estejam presentes fisicamente, são parte de nosso mundo. As contribuições do passado, o potencial do futuro; sem a consciência disso podemos nos tornar autocentrados. Na verdade, praticamos nossa arte para nós mesmos, mas também porque nossos professores foram generosos o bastante para transmiti-la a nós e, assim, de maneira humilde, temos a obrigação de polir e aperfeiçoar o que recebemos. É nosso dever manter a arte em sua integralidade, para que ela seja passada adiante para a próxima geração. E temos um débito que deve ser devidamente pago às gerações que nos precederam. Esse débito é uma maneira de nos lembrarmos do que devemos a essas gerações, e dos sacrifícios que elas fizeram para trazer a arte até nós. É por isso que o xintoísmo pode ser descrito como uma forma de reverência aos antepassados — o que ele é. Entretanto, junto com a reverência pelo passado, temos o reconhecimento pelos que virão depois de nós. Há um constante fluxo de gerações, e onde começa uma e termina outra nunca é inteiramente claro, pois nossos ancestrais continuam a exercer uma presença em nossas vidas, assim como o fazem os que virão no futuro.

Algumas pessoas argumentam de modo convincente que o xintoísmo não é uma religião, e sim um agrupamento de várias crenças populares, muitas delas primitivas. Pode ser verdade (e se for, existem inúmeros rituais e teologia pertinentes ao xintoísmo, e se suspeita, como às vezes no caso do zen, que tais informações são criadas por pessoas que gostariam de acreditar que o xintoísmo está, de alguma maneira, além da categorização mundana pela qual as demais religiões são explicadas e compreendidas). Certamente, o xintoísmo assume diversas formas. Existem seitas e subseitas, muitas delas são esotéricas. Ramificações do pensamento xintoísta mudam e se entrelaçam, às vezes se sobrepõem, e às vezes se cruzam com religiões importadas como o taoismo e o budismo. Localizar a fonte de uma contribuição específica é difícil, e não é menos difícil ao se tratar de uma religião como o xintoísmo, com suas raízes escondidas num passado tão longínquo, os segredos se misturam com o que simplesmente foi esquecido. Mesmo no xintoísmo "principal" muita coisa está encoberta. Se você não for um *kannushi*, um sacerdote, existem segredos aos quais você nunca terá acesso, lugares no santuário onde nunca poderá entrar. E apenas para poucos japoneses os detalhes da devoção xintoísta e suas crenças são mais que uma preocupação momentânea. Eles vão a santuários em ocasiões especiais, ou para importunar as deidades pedindo algum favor, ou para agradecer pelo que receberam. Mas, como uma religião organizada, o xintoísmo não possui um papel formal na vida cotidiana da maioria dos modernos japoneses. Uma exceção — e mesmo isso está se tornando raro — é o *kamidana*, o pequeno santuário encontrado em muitas casas japonesas e em outros lugares, como o *dojo* tradicional.

Uma palavra antes de começarmos a pensar sobre o *kamidana*: o budoka deve se adaptar ao xintoísmo. É importante observarmos que ele não precisa abraçá-lo como religião. Ele pode ser um devoto cristão ou um ateísta confesso ou vir de qualquer origem religiosa ou espiritual. Ele não precisa acreditar nos dogmas nem no folclore nem nas práticas do xintoísmo. Mas o budoka precisa ter alguma familiaridade com ele, pois sua influência no *dojo* é uma constante. Considere dessa maneira se você não deseja aderir ao xintoísmo, mas deseja praticar um *budo*: é como viver perto de um grande rio, que passa bem na borda de seu jardim. Você pode até não nadar no rio nem pescar nele. Mesmo assim, saberá que ele está lá. Você pode tolerá-lo ou então gostar dele. Você pode estudá-lo pelo ponto de vista de um observador ou de um naturalista. Ou receber algum tipo de conforto espiritual ou emocional ou ficar satisfeito com a sua presença. Ou vê-lo como mais um fato de sua vida com o qual deve lidar. Não importa como você o vê, esse rio faz parte de sua consciência. De algum modo, você será afetado por ele. (Isso não deve ser interpretado como um aviso assustador ou uma apostasia iminente para as pessoas que têm outras convicções religiosas. Os batistas que vivem nos Estados Unidos, por exemplo, podem compartilhar da mesma fé e da mesma doutrina de um batista que vive na África. Mas seria um absurdo imaginar que sua imersão na cultura de seu próprio país e seu sentimento de ser norte-americano não o influenciam em suas crenças e em sua religiosidade. Eles não atrapalham nem diminuem essa crença. Mas, certamente, dão a base que, mesmo não sendo especificamente teológica, o tornam único.) Assim acontece com as manifestações culturais e espirituais do xintoísmo no *dojo*. A tranquila simplicidade do *dojo*; o ditado de que seu meio ambiente, quente no verão e frio no inverno, é um reflexo das mudanças sazonais da natureza; o sentimento de que os ancestrais são lembrados aqui por gratidão pela arte que eles transmitiram; tudo isso reflete os valores do pensamento xintoísta. Mas enquanto estas são as atitudes e o comportamento dentro do *dojo*, normalmente o único símbolo concreto do xintoísmo é o *kamidana*.

O xintoísmo como religião tem sido parte do Japão desde antes do início da história, como foco do culto ou da reverência aos ancestrais de uma pessoa, mas o *kamidana* não tem uma história longa no Japão como pode ser imaginado. O xintoísmo, desde seu desenvolvimento mais antigo no Japão pré-histórico, não colocou muita ênfase em centros individuais ou em locais para a expressão da concentração religiosa. O fiel ia a um templo nas proximidades para rituais públicos conduzidos por sacerdotes. A comemoração dos *sorei* de uma família, ou de seus ancestrais, ficava bastante confinada aos rituais budistas depois que essa religião passou a ser assimilada no Japão no século VI (curiosamente, a palavra xintoísmo parece não ter tido muito uso antes da introdução da religião estrangeira. Quando o Budismo — ou *Bukkyo-do* —, o "Caminho dos ensinamentos do Buda", se fixou, houve a necessidade de separá-lo ao falar das crenças estrangeiras; assim, passou-se a usar o termo *Shin-to*, ou "o Caminho dos Deuses"). Antes do século XI, a maioria das evidências demonstra que, quando a maioria das residências tinha a necessidade de uma cerimônia xintoísta, um templo temporário era montado dentro da casa e mantido apenas durante o tempo do próprio ritual. Entretanto, na Era Heian, a seita xintoísta Ise, que, junto com a seita Izumo, são as formas mais antigas de xintoísmo no Japão, passou a insistir na importância de haver templos menos centralizados como locais de adoração. Isso levou ao incentivo de se incluir pequenos santuários nas residências. As pessoas passaram a reservar uma prateleira ou *tana* (*-dana* é o sufixo) para algum tipo de objeto que sirva como foco para a reverência tanto de seus ancestrais familiares quanto das deidades tutelares locais, ambos chamados, genericamente, de *kami*.

As formas mais antigas do *kamidana* se pareciam mais com um armário de louças, e eram chamadas de *todana*. Em alguns poucos *dojo* no Japão, bastante antigos e dedicados aos clássicos *koryu*, a maioria dos quais dentro de propriedades particulares de mestres de linhagens familiares do *ryu*, ainda se encontram *todana*. Mas, com maior frequência, a família coloca uma prateleira no *kamoi*, a trave lintel da casa, para lá instalar uma versão em miniatura de um santuário xintoísta. Dentro do santuário fica o *kamifuda* ou *gofu*. O primeiro é um talismã feito de papel, o segundo é um amuleto. Ambos eram de natureza originalmente específica, dedicados a deidades particulares de um santuário xintoísta principal localizado nas proximidades, que deveria cuidar das questões da região ou da comunidade. Com mais frequência, os objetos representavam os *kami* que eram ancestrais da família, chamados de *ujigami*.

Uma teoria sobre a crescente popularidade dos *kamidana* dentro das residências diz que eles foram uma reação do xintoísmo ao crescimento do budismo no Japão. Os seguidores de Buda instalavam *butsudan*, ou altares, em suas casas. O *butsudan* era com frequência elaborado, laqueado ou pintado com folha de ouro em seu interior. Eles guardavam os *ihai*, ou tábuas dos ancestrais de uma família. Talvez por temerem a perda de sua influência, os sacerdotes xintoístas podem ter encorajado a instalação de *kamidana* nas residências como uma lembrança da fé que era a mais próxima. Mas, diferente do *butsudan*, os *kamidana*, mesmo em suas formas mais antigas, eram sempre feitos de madeira simples ou *shiraki*, uma tradição que continua atualmente. Os *kamidana* nunca são pintados nem tingidos. Eles sempre são da cor natural da madeira. O *kamidana* deve ficar em um dos cômodos principais da casa, de frente para a entrada, ou perto da cozinha, pois o fogão era espiritualmente o centro da casa. Eles eram instalados ou de frente para a sala por onde se entra (*omote*) ou na posição oposta, sobre a entrada, de frente para o cômodo (*kamite*). O *kamidana* de um *dojo* sempre é colocado na posição *omote*, portanto fica de frente para a entrada da sala. Entretanto, ele deve ser colocado de frente para o sul ou o leste, e não para o norte ou oeste. (Por quê? Isso se refere a um tipo de *feng shui* japonês, uma coleção de regras flexíveis de geomancia que determina, literalmente, um lugar para cada coisa e cada coisa em seu lugar. A localização de um castelo ou de uma casa, a forma como um ringue de sumo é construído e sua orientação espacial, a localização de construções externas em volta de uma propriedade — tudo isso tem regras específicas. Algumas dessas regras são nativas do Japão, de acordo com as crenças populares; outras são ligadas ao taoismo chinês. Em uma residência ou em uma estrutura como o *dojo*, o sul e o leste são direções propícias, assim como se acredita que o norte e o oeste trazem problemas.)

O *kamidana* fica no centro do *dojo* em termos da organização espiritual do próprio prédio. Ele é colocado num ponto alto na parede, o suficiente para estar seguro de golpes das armas, e para que os membros do *dojo* sempre estejam na frente e abaixo dele. Ao entrar e sair do *dojo*, a maioria das formas de etiqueta indica que se faça uma reverência na direção do *kamidana*, e a aula sempre começa e termina com reverências formais na direção dele. Mas, o que há dentro dele? Obviamente, o santuário em si, o *kamidana-jinja*. Existem diversos estilos. A maioria deles é baseada nas formas básicas da arquitetura de um santuário xintoísta de tamanho natural. O estilo específico a ser encontrado em um *dojo* dependerá da preferência pessoal do professor ou da afiliação ou da história da arte que está sendo praticada no *dojo*. Uma chave para a identificação é o telhado e seus detalhes. Telhados com a frente em declive e telhados longos são de estilo *nagare-zukuri*, provavelmente o mais comum em casas particulares. Você pode ver na prateleira santuários com "chifres" nos lados do telhado (estilo *shimmei*) ou com chifres na frente e atrás (estilo *taisha*), ambos exemplos bastante antigos da arquitetura xintoísta. Um grande telhado com uma entrada pequena na frente é um *Hachiman-zukuri*, ou estilo Hachiman. O imperador do século II, Ojin, sua esposa e sua mãe compreendem as divindades centrais desta seita do xintoísmo. Visto que desde há muito tempo alguns *dojo* têm sido favorecidos pela classe de guerreiros e militares, alguns *dojo* têm seus *kamidana* modelados no estilo Hachiman. Não importa qual estilo, o *kamidana* terá portas na frente que são mantidas fechadas todo o tempo, exceto em ocasiões especiais. Dentro dele às vezes existe o *kamifuda*, ou talismãs de papel, mencionados antes, junto com um espelho redondo, um dos três talismãs sagrados ligados à criação do Japão. O único outro objeto que realmente fica dentro do *kamidana* é um pedaço de tecido pendurado diretamente atrás das portas, um *goshiki*, ou bandeira de "cinco brocados", que funciona como uma barreira entre o mundo externo e o recesso interno do próprio santuário.

De cada lado do santuário — estamos generalizando aqui, pois nem todas as prateleiras com *kamidana* são arrumadas exatamente da mesma maneira, mas estamos usando um modelo como exemplo — um par de vasos com galhos curtos de ramos de folhagem. Os vasos são *sakaki tate*; os galhos são de *Cleyera japonica*, a árvore *sakaki*. O *sakaki* é uma árvore perene. Ele é da mesma família de plantas como o chá. Na era mística dos deuses do Japão, que está registrada no *Kojiki*, a deusa Amaterasu Omi-kami se escondeu em uma caverna depois de uma disputa com seu irmão, deixando o mundo nas trevas. Para atraí-la para fora, as deidades menores penduraram espelhos em uma árvore e encenaram uma dança, e mandaram dizer a Amaterasu que um ser ainda mais belo que ela estava dançando do lado de fora da caverna. Intrigada, Amaterasu abriu a entrada da caverna. Ela se viu refletida nos espelhos e saiu da caverna, e assim a luz foi devolvida ao mundo. De acordo com a lenda, a árvore na qual foram pendurados os espelhos era um *sakaki*. Além disso, por ser uma árvore perene, o *sakaki* aparece em alguns rituais do xintoísmo como lembrança da continuidade da vida (pode ser uma observação grosseira, mas os galhos de *sakaki* nas prateleiras de *kamidana* hoje em dia têm uma vida ainda mais longa, pois são feitos de plástico verde).

Atrás dos vasos de *sakaki* ficam os *heiji*, um par de jarros de vidro com tampas, ambos cheios com *omiki*, ou saquê purificado. A associação de saquê com o xintoísmo é tão fundamental que é impossível imaginar o segundo sem o primeiro. O saquê sempre foi visto como uma oferenda para o *kami*. O saquê foi usado para embebedar a serpente de oito cabeças que aterrorizou o Japão mitológico, o que permitiu que Susano a matasse. Uma explicação para o nome da própria bebida é que *sa* é uma palavra antiga que se refere à deidade das plantas de arroz e *ke* significava "alimento". Outra explicação é que saquê vem de *sakaeru*, um verbo que significa "florescer" ou "prosperar", uma lembrança de que, quando o saquê jorra, também jorra a boa vida. No passado, no período Jomon, os fazendeiros descobriram que, ao mastigar o arroz e depois cuspi-lo em uma jarra, eles podiam criar a fermentação que fazia o saquê. Apesar de não ser nada agradável, esse método era também limitado ao se fazer uma quantidade maior da bebida. Assim, posteriormente a saliva foi substituída por fermentos que ativavam a fermentação de uma forma mais higiênica e mais aceitável. Mas tendo em vista suas origens alegadamente sagradas, o saquê feito da "boa e velha maneira" continuou a ser usado para fins cerimoniais. O arroz mastigado pelas bocas de donzelas era usado para fazer o *omiki*, uma libação aos deuses. O Japão ainda é um lugar tradicional de muitas maneiras. Mas encontrar *omiki* feito de uma maneira tão particular seria uma descoberta interessante. Entretanto, hoje em dia o *omiki* é o saquê preparado da maneira normal, mas que é oferecido com um sentido religioso, como ocorre com as garrafas de *heiji* no *kamidana*.

Um prato raso no centro e na frente do santuário contém arroz cru, ou *kome*. Assim como o saquê, é bem sabido que no Japão o arroz é associado com a vida, é natural que ele seja colocado no *kamidana* como símbolo e também como um tipo de oferenda. Na frente e à esquerda fica o *mizutama*, uma garrafa de vidro arredondada com a tampa em formato de ponta que é cheia até um pouco mais da metade com água. No outro lado há outro prato, com uma porção de sal. Tanto o sal quanto a água são usados nos rituais xintoístas de purificação. Por exemplo, os *sumotori* lavam a boca com água antes de uma luta para se limparem de quaisquer intenções más, e eles espalham sal no ringue para limpá-lo de espíritos maus.

Esses instrumentos na frente e nos lados do *kamidana-jinja* são chamados coletivamente de *shinki*. Entre eles, você pode ver também *ofuda*, ou "tábuas de madeira", com o nome de uma deidade ou de um santuário xintoísta escrito, que devem representar a "essência" do *kami*. Velas ou pequenas lâmpadas, frequentemente no formato das lanternas verdadeiras que vemos na entrada dos santuários xintoístas, também podem ser encontradas no *kamidana* como decoração ou, se forem elétricas, como fontes de luz para cerimônias especiais. *Ozen* são bandejas de pernas curtas colocadas sobre ou perto do *kamidana* para *osonaemono*, ou oferendas, mas, a menos que o professor ou o dono do *dojo* seja um praticante devoto do xintoísmo, poucas salas de treinamento de artes marciais seguem esse costume. Nesse caso, se há oferendas de alimentos frescos, normalmente se usa arroz cozido, que deve ser colocado de manhã em uma tigela na bandeja (e comido mais tarde). O sal é trocado no primeiro dia de cada mês. Qualquer alimento do mar ou das montanhas é trocado no meio do mês. Outra atenção especial dada ao *kamidana* é quando ele é embrulhado em papel branco por certo tempo, um ritual que se chama *kamidana-fuji*. Isso é feito em caso de morte de um professor do *dojo* ou de um membro antigo. Esse ritual tem raízes na aversão à morte como uma fonte de impureza. O papel tem a função de proteger o santuário nessas circunstâncias.

O *kamidana* não estará realmente completo sem um pedaço de fibra de arroz tecido pendurado abaixo da prateleira ou nas colunas acima dela, chamado de *shimenawa*. Para voltar a um exemplo que já usamos, se olhar para as impressionantes cinturas dos principais *sumotori*, você perceberá uma corda grossa amarrada. Essas cordas se chamam *yokozuna*, ou "cordas laterais", e são exclusivamente usadas por campeões, que têm o título de *yokozuna* devido às faixas trançadas da corda. A derivação do *shimenawa* vem dessa mesma história, de que a deusa xintoísta Amaterasu se escondeu em uma caverna depois de uma briga com seu irmão rebelde. Amaterasu foi atraída para fora da caverna por espelhos e pela dança: quando ela apareceu, imediatamente as outras deidades jogaram uma corda na entrada para que ela não pudesse voltar para lá. Portanto, o *shimenawa* representa uma barreira, um limiar. (Na verdade, a palavra é escrita com dois caracteres: o segundo representa "corda", e o primeiro representa "fluxo", uma escolha intrigante que reafirma a ideia de fluidez da doutrina do xintoísmo.) Em termos xintoístas, um *shimenawa* delimita um lugar especial. Ele designa um local que é separado dos outros. Para demonstrações de artes marciais em um santuário, a área de demonstração normalmente é marcada com um fino *shimenawa* que circunda quatro colunas feitas de bambu para formar um retângulo. Assim, se você faz parte de um *dojo* tradicional e treina lá com regularidade, passará bastante tempo sentado ou de pé de frente para o *kamidana*, e terá muitas oportunidades de examinar o *shimenawa* que está lá. Primeiro, perceba se ele é do estilo cujas camadas de cordas vão da mais grossa para a mais fina, a ponta mais fina estará na sua direita. A seguir, perceba que a direção da corda em si é tipicamente para a esquerda. Há várias teorias sobre a origem dessas convenções. A ponta mais grossa do *shimenawa* estará, é claro, do lado esquerdo do santuário, com os cordões torcidos para o lado direito. Isso é bastante simbólico, e parte desse simbolismo é secreto dentro da tradição xintoísta e conhecido apenas pelos sacerdotes; a relação entre a esquerda e a direita pode ser um exemplo disso.

Você também perceberá que são usadas tiras de papel branco, torcidas ou dobradas, decorando o *shimenawa*. Elas são chamadas de *gohei* ou *shide*. Não existe uma explicação clara para sua origem. A história que prevalece é que elas representam raios, um sinal de fertilidade. A mesma corda *yokozuna* que é amarrada na cintura do *sumotori* campeão é também decorada com *gohei*. O *shimenawa* e as tiras de papel penduradas, *gohei*, são vistos em todo o Japão em lugares destinados a ter uma importância espiritual em particular. Grandes templos as têm penduradas no lintel ou em arcos, com cordas largas como as de navio. Elas também podem ser encontradas amarradas em volta de árvores ou de grandes rochas, quando se acredita que elas contêm espíritos de deidades e merecem a comemoração. No *dojo*, o *shimenawa* na frente do *kamidana* separa esta área e dá a ela o ar de importância que deve ter. Entretanto, se por alguma circunstância o *kamidana* é golpeado por uma arma ou acidentalmente retirado de seu lugar, a pessoa responsável pelo ocorrido não deve no mesmo momento cometer suicídio ou ter qualquer atitude humilhante de contrição. Como já notamos, o xintoísmo é uma celebração dos ciclos naturais da vida. Coisas que se quebram ou caem são parte natural desse processo. Quando isso acontece, o *kamidana* deve ser simplesmente recolocado em seu lugar, ou substituído caso tenha quebrado, e a vida continua. Da mesma maneira, apesar de se aconselhar sobriedade e cuidado ao estar por perto do *kamidana*, essa área não é "restrita" em si, mesmo que apenas o professor ou os alunos mais antigos possam cuidar dele, fazendo a limpeza e tomando os cuidados necessários. É compreensível que não seja correto o visitante do *dojo* ir até ele para observá-lo como se fosse uma peça de museu — ele tem um significado profundo para os membros do lugar e isso deve ser respeitado. E se for convidado a observá-lo, você não deve tocá-lo.

Existe uma forma correta de se fazer a reverência ao *kamidana*, um processo que a princípio pode parecer complicado e intrincado, mas que rapidamente se torna um hábito. Ele é *nirei* (duas reverências), *nihyakushu* (duas palmas) e *ichirei* (uma reverência). Faça a reverência duas vezes, de pé ou na posição sentada sobre os joelhos, bata duas palmas e faça uma última reverência. Essa é a mesma forma como se faz a reverência em um santuário xintoísta comum. As primeiras duas reverências são usadas para que você se apresente, as palmas servem para que você chame a atenção dos espíritos que estão lá dentro, e a reverência final é uma maneira educada de terminar o ritual. A maioria das sessões de treinamento começa e termina com esse ritual. O bater de palmas em si é chamado de *kashiwade*. O processo completo de fazer a reverência ao santuário é uma forma de etiqueta conhecida em japonês como *hairei*.

Não fique surpreso ou desapontado se seu *dojo* não tiver um *kamidana* como descrevemos aqui. Você deve ficar surpreso e desapontado se for a um *dojo* que tem na parede frontal quinquilharias e enfeites, como quadros, estátuas de Buda ou de Hotei, ou frisos enfeitados com falsos dragões, cobras, tigres ou qualquer tipo de bestiário. Tais esforços de tornar o *kamidana* mais "oriental" podem ser sinceros, mas são extremamente impróprios e, quase sem exceção, de assustador mau gosto. A verdade é que nem todos os *dojo* no Japão têm *kamidana* e de fato os *dojo* públicos são proibidos por lei de colocar à vista qualquer tipo de santuário xintoísta. Isso foi uma determinação das forças de ocupação, que conheceram muito bem a perigosa relação entre o xintoísmo apoiado pelo Estado e o militarismo japonês do século passado. No Japão, o *dojo* público ou dentro de escolas tem uma bandeira japonesa na parede, onde deveria estar o *kamidana*, e às vezes não tem nada. Nos Estados Unidos, alguns *dojo* evitam o *kamidana* tradicional por razões religiosas ou por não saberem como montar um corretamente. No lugar do *kamidana*, outros *dojo* têm o retrato do fundador da arte ou um rolo de caligrafia. Mesmo que esses objetos não tenham o significado espiritual de um verdadeiro *kamidana*, eles representam uma tentativa de designar uma parte do *dojo* como uma área reservada. Essa área se torna uma dimensão do espaço que é separada para questões que, mesmo não sendo imediatamente práticas ou óbvias no *dojo*, são fundamentais ao *budo*.

A atitude de um budoka sério em relação ao *kamidana* pode ser mais bem resumida pela palavra japonesa *iyamau*. Atualmente, o caractere para essa palavra é pronunciado *uyamau*. A derivação contém informações. Originalmente, a palavra tinha o sentido de expressar respeito por meio da atitude ou da postura ou da forma de se expressar. Atualmente, *uyamau* passou a se referir mais ao sentimento de respeito em si. Na evolução do mundo, a manifestação externa se desenvolveu na verdadeira expressão em si. O iniciante do *dojo* pode ver o *hairei*, a reverência cerimonial ao *kamidana*, e o *kamidana* em si, como uma parte incidental de seu treinamento. É um ritual. Vagamente "religioso", apesar de ele não ter muita certeza quanto a isso. Ele pode ficar interessado pelo exotismo disso no início, ou em dúvida se isso é apropriado tendo em vista suas inclinações religiosas ou espirituais. Mesmo assim, se uma pessoa está determinada a seguir o Caminho, ela cumpre a tarefa de fazer reverências e bater palmas, ou de limpar a prateleira se lhe derem essa incumbência. Repetidamente ele faz os movimentos, e enquanto aprende mais sobre a arte, sua origem e seus segredos, sobre os que vieram antes dele, seus pensamentos de vez em quando se voltam para o significado por trás do simbolismo. O que antes era uma prática estranha — fazer reverências em direção ao *kamidana* — lentamente passa a ter um significado mais profundo.

Mas não sempre. Em alguns dias de treino, ele estará com pressa para começar a prática; outros dias, ele espera que o cerimonial acabe logo para que ele possa ir para casa. Sempre será assim. Devemos ter uma inclinação natural a pensar e a observar mais profundamente, e se não for assim, o conceito por trás do *kamidana* sempre estará oculto ou não será levado em conta. Mas é possível que, se o iniciante ficar tempo suficiente no *budo*, seu caráter o levará a uma avaliação mais intensa sobre o que acontece no *dojo*, incluindo os rituais na frente do *kamidana*. Gradualmente, enquanto as formalidades se tornam uma parte de seu comportamento normal dentro do *dojo*, ele sentirá algo. E, provavelmente, sem estar bem ciente disso, a consciência de tudo isso ficará evidente — em sua postura, em suas atitudes, em sua interação com as pessoas a sua volta. Por meio da influência exterior surge uma transformação interior. Mesmo que suas crenças religiosas sejam inteiramente diferentes das doutrinas xintoístas, ao se sentar e fazer uma reverência em direção ao *kamidana* inevitavelmente ele sofrerá mudanças. Ele será trazido para o fluxo, a corrente da vida que é representada no símbolo do *kamidana*.

7
CONTEMPLAÇÃO
MOKUSO

MOKUSOOO!!!

Em vários *dojo*, essa palavra é gritada como um bramido de guerra. Ela é dita duas vezes, no início de uma sessão de prática e novamente no fim, sempre depois que os alunos se alinharam e estão sentados em silêncio, em *seiza*. Para que eles entrem em posição, normalmente são dados outros comandos. "*Yame*" ou "*Keiko osame*" é dito quando a sessão termina. *Narande* significa "alinhem-se". *Seiretsu* ou *keiretsu* são comandos para os alunos se alinharem de acordo com a graduação. *Chakuza* significa ficar de joelhos e assumir a posição sentada, *seiza*. Após estarem todos sentados, há um longo momento de acomodação até que os barulhos e o som da respiração agitada depois da prática cessam, seguido por um silêncio que é quebrado pelo grito que parece penetrar diretamente nos corpos dos que se encontram sentados.

MOKUSOOO!!!

O *moku* de *mokuso* significa "silenciar". *So* significa "pensamento". Às vezes, imagina-se o *mokuso* como um período de "meditação". De certa forma, é. Mas uma maneira melhor de vê-lo é como um período de transição. Muitos acreditam que o *dojo* é um lugar de refúgio, um lugar em que as preocupações do dia podem ser colocadas de lado. No entanto, isso pode levar a ideias incorretas. O *dojo* não é um lugar de fuga da vida diária. Na verdade, ele é um lugar em que se pode confrontar a realidade da vida diária, encontrá-la de forma concentrada e aprender a lidar com ela. O *dojo* é um microcosmo intensificado de nossa existência e das atividades do dia a dia. Assim, aproximamo-nos do que ocorre lá dentro com um foco maior e com mais intensidade em relação às outras áreas de nossas vidas. Isso requer um período de transição, e é isso que o *mokuso* representa. Quando começamos, o período do *mokuso* nos permite silenciar quaisquer irritações, preocupações, desejos e preconceitos que temos fora do *dojo*, colocando-os de lado durante o período da prática. Quando terminamos o treino, outro período de *mokuso* nos ajuda a retornar, voltar para nossas vidas do lado de fora do *dojo*. Não há nada particularmente "místico" nem mesmo transcendental no *mokuso*. Não estamos buscando a iluminação como faria um monge zen. Estamos apenas transitando, nos movendo de um lugar para outro — nem especial nem extraordinário, mas ambos são partes fundamentais de nosso dia.

E sobre o que pensamos ao nos sentarmos para o *mokuso*? Se você perguntar, o professor dirá "não pense em coisa alguma". É mais fácil falar do que fazer. Os pensamentos se amontoam, se empurram buscando nossa atenção. Ficamos pensando, ao começarmos a aula em *mokuso*, se talvez não deveríamos ter faltado à aula nessa noite. "Tenho de fazer o relatório do trabalho da escola, esqueci de lavar a roupa a semana toda." Quando terminamos, e estamos sentados novamente, estamos preocupados se fomos bem no treino. "Será que o sensei ficou satisfeito? Estou melhorando?" É muito difícil afastar esses pensamentos. Tentar evitá-los parece fazer com que eles venham com muito mais força. Sob tais circunstâncias, devemos pensar em um conceito que vem do *chado*, o Caminho do chá. "*Ichi-go, ichi-e*" significa "cada encontro, uma chance". Durante seu dia fora do *dojo*, você teve a chance de fazer as tarefas que deviam ser feitas e a oportunidade de interagir com outras pessoas. No *dojo*, é a mesma coisa. Essa sessão de prática só ocorre uma vez em sua vida. Da próxima vez, mesmo que seja na mesma noite, você estará diferente, a lição será diferente. O mesmo vai acontecer, é claro, em sua vida do lado de fora do *dojo*. Cada momento é único. No *mokuso*, temos a chance de pensarmos. Eu fiz o melhor em cada momento antes de vir para o *dojo*? No *dojo*, e depois de terminada a prática, podemos refletir novamente. Usei cada momento da aula ao máximo? Se a resposta é sim, podemos ficar felizes. Se não, a próxima aula, o próximo dia, nos dará a oportunidade para tentarmos novamente. Podemos nunca chegar a atingir o estado de "não mente" da quietude do mestre zen em nosso *mokuso*. Mas se usamos esse período de *mokuso* para percebermos a natureza transitória de nosso mundo e a aceitamos, então esses momentos nunca serão desperdiçados.

8

REVERÊNCIA

OJIREI

Em 1908, uma professora de hábitos muito rígidos da Nova Inglaterra, Alice Bacon, foi convidada para dar aulas na Academia Peeress de Tóquio. Em uma carta para sua família, ela descreveu os rituais de reverências nesta escola de elite para meninas:

> "Quando soa o sino, eu vou para a sala de recreação e, do lado de fora, alinhadas, minhas alunas me aguardam. Faço uma profunda reverência. As pupilas fazem uma reverência ainda mais profunda e entram na sala. Elas vão quietamente para seus lugares e aguardam de pé. Faço uma reverência de meu lugar, na mesa do professor, as meninas fazem outra reverência e se sentam. Ao terminar a lição, faço uma reverência para a turma, elas todas fazem uma reverência em resposta, se levantam e silenciosamente saem da sala e se organizam para me esperar. Eu saio, faço outra reverência para elas, e elas fazem outra reverência se despedindo. Tudo isso é muito bonito e estou encantada com essa maneira de exigir ordem ou de dispensar a turma. Isso teria um efeito civilizador se fosse introduzido na rotina das escolas norte-americanas."

Apesar da sugestão da senhorita Bacon, a reverência não se tornou parte do processo educacional norte-americano. Na verdade, com exceção de circunstâncias que são tão raras quanto cumprimentar com uma cartola, a reverência nunca realmente fez parte da etiqueta ocidental. Tendemos a associar esse gesto com uma atitude teatral ou extravagante, como um cavaleiro fazendo uma grande mesura à "My Lady", ou com o ator canastrão fazendo uma reverência exagerada no fim de sua atuação. Ver um homem ocidental fazer uma reverência hoje em dia é quase tão raro quanto ver uma mulher fazendo a versão feminina do gesto, a mesura feita com um dobrar de joelhos. Consequentemente, a maioria dos ocidentais tem uma desvantagem quanto à reverência. No Japão, as criancinhas mal começam a andar aos tropeços e já são "dobradas" para assumirem a posição correta pelos pais, até que o movimento seja quase instintivo. Etnologistas acham que o hábito pode ter começado ainda mais cedo, pois tradicionalmente os bebês eram carregados no estilo *onbu*, nas costas das mães, então eles estariam fazendo a reverência, de certa forma, sempre que as mães a fizessem. Mesmo assim, com exceção das pessoas envolvidas em artes tradicionais, como a cerimônia do chá ou as artes marciais, o japonês comum da atual geração também não tem grande refinamento nessa arte. Os pais reclamam que a geração mais jovem não tem polidez ao fazer o *ojirei*, ou reverência, que antes era um padrão em qualquer lugar no Japão, e era feito dezenas de vezes ao dia. As ascensoristas de elevador das lojas de departamentos devem treinar cuidadosamente para que saibam o ângulo exato ao fazer a reverência para poderem saudar corretamente o cliente que entra no elevador. Certamente, poucos japoneses da atualidade seriam capazes de atender aos padrões de excelência de seus ancestrais do período feudal.

A reverência, como gesto respeitoso e posteriormente como forma de cumprimento, pode ser encontrada em diversas culturas. Ela está presente em quase todos os lugares da Ásia e foi inicialmente formalizada durante a Era Muromachi, o longo período da história do Japão que assistiu ao crescimento da classe militar e a regência de uma sucessão de *shogun* da família Ashikaga, que governou a região de 1338 a 1573. Ogasawara Sadamune (1294-1350) foi um aliado do primeiro *shogun* Ashikaga, Takauji. Sadamune foi útil para a elevação do primo do *shogun*, Kougon, ao trono imperial. Em gratidão por seus serviços, e provavelmente por reconhecer os talentos de Sadamune, o *shogun* o apontou como oficial para assuntos de etiqueta entre seus vassalos. O tataraneto de Sadamune, Ogasawara Nagahide (1366-1424) continuou nesse ofício e escreveu o primeiro texto compreensível sobre etiqueta, o *Sangi Itto*, por volta de 1380. Podemos talvez achar isso tudo muito esnobe, tolo e efeminado, imaginando que Nagahide era afetado e um tanto lunático, causando um rebuliço ao determinar se tal forma de reverência seria apropriada em que momento ou se deveria ser usada outra. Mas essa impressão de pedantismo deve ser abandonada se soubermos o que significa o título do trabalho de Nagahide. *Sangi Itto* significa "três artes como uma". As três artes seriam a etiqueta (e a ética, considerando-se os aspectos já falados), a cavalaria e o uso do arco e flecha. Mesmo sendo muito famosa pelos conhecimentos sobre etiqueta e boas maneiras, a família Ogasawara era samurai. Os Ogasawara eram muito respeitados como lutadores, e pela habilidade com o arco e por saberem cavalgar um cavalo em uma batalha de modo que o animal se tornasse tanto uma arma quanto um meio de transporte. Os Ogasawara eram na verdade guerreiros. Sua etiqueta não era uma afetação e sim um modo pelo qual um samurai estaria mais seguro entre outros lutadores, e poderia, simultaneamente, demonstrar não ter más intenções contra outras pessoas, se ele o desejasse. De maneira significativa, era uma tradição da família Ogasawara e do *ryu* que eles criaram o fato de todas as três artes serem completamente dominadas e representadas por um único herdeiro — o responsável pelo *ryu* que carregava seu nome. Os Ogasawara, certamente temendo que a etiqueta sem a habilidade marcial fosse nada além de uma atitude pomposa — enquanto o oposto seria uma atitude de bárbaros —, eram cuidadosos ao transmitir todas as artes em medidas iguais e sempre tendo como líder um homem que fosse competente em todas elas. (Em 1960, um descendente de Sadamune requereu o título de mestre-chefe de apenas um terço do Ogasawara *ryu*, a parte relativa à etiqueta. Este foi um desenvolvimento chocante na história do *ryu*, que teve grande repercussão no mundo das tradições do Japão. O assunto nunca foi resolvido de maneira conclusiva, mas a maioria das pessoas com atividades relativas às tradições continuou a aceitar como mestre do *ryu* aquele que havia herdado todas as três facetas.)

Por séculos, as convenções quanto às maneiras do Ogasawara *ryu* foram ensinadas apenas para a nobreza e para a classe samurai do Japão. Só no período Edo — quando a classe dos mercadores conseguiu reunir bastante riqueza para ter condições de estudar etiqueta como uma atividade discreta — que o *ryu* finalmente passou a instruir pessoas que não eram da classe de guerreiros. Infelizmente, essa abertura do Ogasawara *ryu* para pessoas comuns teve um efeito negativo sobre o *ryu* e sobre todo o conceito de formalidade no Japão. Antes dessa época, as diversas convenções sobre a reverência, uma parte central da etiqueta dos samurai, eram vistas como algo masculino, algo como uma qualidade "de macho". Afinal, elas eram propriedade da elite samurai que, para o bem e para o mal, era percebida como algo especial. Quando foram apresentadas para o público em geral, a etiqueta do *ryu* logo passou a ser vista como uma afetação de classes desocupadas. Assim como os costumes sociais tão cheios de maneirismos do Ocidente foram desdenhados durante os anos de 1960 na Europa e na América, mesmo como uma forma sutil de opressão social, a etiqueta tradicional no Japão ao ser apresentada aos ocidentais era tratada com certo desprezo.

Mesmo para as pessoas com inclinações conservadoras, ou que tivessem a sensibilidade de uma "senhorita bem-educada", a complexidade do Ogasawara *ryu* seria um tanto exagerada. Por exemplo, existem nove maneiras de se fazer a reverência na posição sentada, de acordo com os ensinamentos do *ryu*. Para quem as usa com frequência diária, como os praticantes de nível avançado da cerimônia do chá, elas parecem naturais e graciosas. Para a maioria de nós, elas são complicadas e pomposas. Os ditames relativos aos seus usos não são particularmente úteis para uma pessoa comum (saiba também que a própria menção de "Ogasawara *ryu*" tem um sentido pejorativo para alguns japoneses. Eles o associam a um protocolo rígido e a atitudes feudais que não têm lugar no mundo moderno, ficando restritos a uma atitude esnobe). Felizmente, no *dojo*, as convenções quanto à reverência, mesmo tendo sua base quase inteiramente apoiada nos modelos do Ogasawara *ryu*, são comparativamente mais simples. Mas isso não quer dizer que sejam fáceis. As instruções básicas podem e devem ser dadas no *dojo*. O principiante deve se lembrar de diversas coisas até que elas se tornem um hábito inconsciente. Ao fazer uma reverência de pé, ou *ritsu-rei*, às vezes chamado de *ryurei*, ou na posição sentada, chamado de *za-rei*, mantenha estas dicas em mente:

Não deixe as mãos duras dos lados, nem as deixe balançando. Se você estiver de pé, deixe que elas escorreguem, com as palmas seguindo a lateral de suas pernas. Se estiver sentado, as mãos passam de suas coxas para o chão a sua frente. Frequentemente, as artes marciais japonesas ensinam incorretamente ou inadequadamente os alunos a adotar uma postura quase militar, ou outras afetações. Um desses hábitos tolos seria bater com as mãos nas laterais das coxas ao fazer a reverência. Como a reverência é uma demonstração de humildade, este gesto de "olhe para mim" é particularmente ridículo.

Não se balance. Abaixe o torso com suavidade até onde seu condicionamento físico e sua cintura permitirem. Pause, e então se endireite na mesma velocidade. A parte detrás de seu pescoço deve estar mais ou menos no mesmo plano de sua espinha enquanto você fizer a reverência. A inclinação da parte de cima do torso e de sua cabeça deve ser a mesma. Alguns iniciantes no mundo do *budo* podem ter ouvido falar que, ao fazer a reverência, um artista marcial não deve tirar os olhos de seu oponente, pois isso pode resultar em um ataque inesperado. Infelizmente, alguns professores que não receberam boas instruções repetem essa informação, assim existem salas de treinamento cheias de pessoas que fazem a reverência umas para as outras de uma maneira desajeitada, entortando o pescoço para manter seus parceiros de treino no campo de visão. Ao fazer a reverência um para o outro, os parceiros devem estar a uma distância apropriada. Você deve estar suficientemente longe da outra pessoa para poder se curvar corretamente e ainda mantê-la em sua visão periférica. Quando de pé, uma boa forma de calcular essa distância é estar perto o suficiente para poder ver os pés da outra pessoa, estando ambos de pé. A partir dessa distância, você será capaz de se curvar e mantê-lo inteiramente ao alcance de sua visão periférica.

Curve-se mais profundamente para as pessoas que são mais antigas que você no dojo. Se eles forem muito mais antigos, ou no caso de um professor visitante ou de uma outra pessoa dignitária dentro da arte, você deve fazer uma reverência ainda mais profunda que para seus colegas mais antigos ou para seu professor. Mas na maioria das circunstâncias, uma reverência para uma pessoa mais antiga no *dojo* é feita de forma mais apropriada não por se curvar mais baixo que a outra pessoa, mas sim mantendo a posição por um tempo maior que a pessoa para quem você está fazendo a reverência.

Mesmo com essas instruções e informações básicas, os detalhes do *ojirei* só podem ser aprendidos por osmose. Você deve observar os demais que sabem como fazer e copiá-los. Alguns *dojo* usarão uma versão de uma reverência na posição sentada do Ogasawara *ryu* que era usada em certas situações em que a pessoa para a qual se fazia a reverência poderia ter intenções hostis. A partir da posição sentada, com a parte de baixo das pernas inteiramente dobrada sob as coxas — que é chamada de *seiza*, e da qual falaremos mais longamente em outro momento — e com as mãos sobre as coxas, a mão esquerda se move primeiro para o chão, depois a direita, em seguida se faz uma reverência em que a testa é colocada proximamente sobre um triângulo formado pelos polegares e indicadores das mãos estendidas. Ao se levantar, a ordem é invertida, a mão direita se move até a coxa, depois a esquerda. A razão da sequência de movimentos é puramente marcial. Ao fazer a reverência desse modo, imaginando-se que a pessoa está usando uma espada colocada no lado esquerdo da cintura, a mão direita deve ser mantida livre pelo maior tempo possível (pela mesma razão, a etiqueta dessa reverência em particular exige que a pessoa se ajoelhe usando primeiro o joelho esquerdo e depois o direito, ao assumir a posição sentada, revertendo a ordem ao se levantar). Manter as mãos abertas sobre o chão, mas perto o suficiente para que a cabeça esteja sobre elas ao se curvar, garante que elas possam ser usadas rapidamente. Isso pode parecer paranoico para nós. Mas durante o longo período de guerras internas, a traição era literalmente um meio de sobrevivência. Mesmo o menor descuido na postura ou no comportamento poderia ser perigoso. Entretanto, lembre-se de que essa explicação é uma suposição. Existem outras teorias sobre a evolução dessa reverência. Tendo em vista as circunstâncias marciais sob as quais o Ogasawara *ryu* se desenvolveu, a nossa conclusão é razoável. Mas jamais use a reverência como uma demonstração agressiva. E não a faça suspeitando que um ninja assassino está esperando para pular sobre você tentando matá-lo enquanto você se curva. Note, também, que alguns *dojo* evitam a colocação alternada das mãos — esquerda/direita — ao ser feita a reverência para o santuário do *dojo* ou para o professor ou mesmo de um parceiro para outro durante o treinamento diário, pois esses não seriam eventuais "inimigos".

No início e no fim das sessões de treinamento, as reverências são anunciadas por comandos orais em alguns *dojo*. Você pode escutar "*shinzen ni rei*" (reverência para o *kamidana* ou para a frente do *dojo*), "*sensei ni rei*" (reverência para o professor), ou "*otagai ni rei*" (reverência uns para os outros). Em outras ocasiões, espera-se que os membros do *dojo* saibam o momento de fazer a reverência sem nenhum comando, como ao entrar e sair da área de treinamento ou para um parceiro antes ou depois da prática. Em alguns *dojo* se espera que os membros façam a reverência uns para os outros mesmo fora do *dojo*, ou para o *sensei*, não importando onde você o encontre. Outros consideram isso uma afetação, e provavelmente a maioria dos *budoka* concordaria.

Apesar de a influência do Ogasawara *ryu* ter permeado todo o mundo samurai, as determinações do *ryu* não eram seguidas por toda a casta de guerreiros do Japão. Muitos *ryu* marciais clássicos se desenvolveram fora da esfera da grande cidade e da influência dos Ogasawara. E suas formas de etiqueta de reverência copiavam os costumes locais. (Os *ryu* que se originaram em áreas rurais podem às vezes ser reconhecidos pelas suas formas de reverência. Por treinarem fora de ambientes fechados, seria impraticável que se sentassem de maneira formal em terrenos enlameados ou pedregosos, assim esses *ryu* adotaram uma forma de reverência a partir da posição agachada.) Alguns *ryu* usavam uma variação do elaborado ritual de reverência do sumo, *chirichozu*, que ainda é usado no início de cada rodada dessa arte. De cócoras com o peso sobre a frente dos pés, os praticantes fazem a reverência tocando as mãos no chão ou mantendo-as sobre os joelhos. Os aficionados aos dramas históricos do Japão também reconhecerão algumas formas de se fazer a reverência por homens vestidos de armaduras, como se ajoelhar e tocar uma só mão no chão. Se as armas estão envolvidas no ritual da reverência, o fato de colocá-las no chão à sua frente ou ao seu lado ou continuar segurando-as também influencia o modo como a reverência é praticada. *Gaku-rei* ou *nuka-rei* é uma curvatura total em que a reverência na posição sentada é tão profunda que os antebraços tocam o chão junto com as mãos (as palavras *gaku* e *nuka* se referem à testa, pois a reverência é tão grande que a testa toca o chão ou fica muito próxima dele). Provavelmente, o único lugar em que essa reverência é vista no *budo* moderno é na arte do *iaido* de saque da espada, onde ele é usado como uma reverência ritualística à própria espada, que é colocada no chão na frente do praticante. A menos que haja uma óbvia ligação histórica dentro da arte, não há necessidade de se adotar artificialmente qualquer um desses métodos alternativos, apenas para "parecer marcial".

A maioria dos *dojo* de *budo* irá usar, de um modo ou outro, alguma das formas de reverência comentadas anteriormente, que exigirá que você se sente sobre a parte inferior de suas pernas na posição de *seiza*. Os ideogramas (kanji) usados para escrever essa palavra contêm informações. O primeiro significa "apropriado", o segundo significa "posição sentada". Não é uma coincidência que a palavra possa ser escrita com outro ideograma no lugar do primeiro, que significa "quieto". Assim, é o "sentar apropriado", ou o "sentar silencioso". Mas colocando de lado a etimologia, *seiza* pode ser um inferno. Alessandro Valignano (1539-1606), um administrador jesuíta que passou vários anos no fim do século XVI divulgando a fé, o descreveu desta maneira: "A forma como eles se sentam causa ainda maior sofrimento, pois eles se ajoelham no chão e se sentam sobre os calcanhares. Para eles é uma posição repousante, mas para outras pessoas é muito debilitante e dolorosa". É muito provável que você esteja entre estas "outras pessoas". Não há nada a ser feito, além de começar e aprender a fazer.

Seiza realmente começa quando a pessoa se ajoelha. Como descrevemos há pouco, a partir da posição de pé, primeiro se desce o joelho esquerdo, de acordo com a tradição de Ogasawara. Em outras formas de etiqueta, inclusive nas preferidas pela maioria das escolas de cerimônia do chá, a pessoa se ajoelha usando quase simultaneamente ambos os joelhos, com o joelho esquerdo tocando o chão pouco antes do direito. Em algumas tradições, esse ato de ajoelhar-se começa com a pessoa de pé, com os calcanhares se tocando. Em outras, a pessoa move só um pouco um dos pés para trás antes de se ajoelhar — o pé que se move é o que está mais distante de qualquer pessoa mais velha que estiver na sala, ou, dependendo de onde você está na sala, o pé mais distante do *kamidana*. Por que não se ajoelhar dando um grande passo à frente ou para trás e depois se dobrar sobre o joelho que estará bem ao lado do outro pé, o que seria uma forma mais confortável para se abaixar? Tente fazer isso com um kimono, e você verá que é difícil fazê-lo sem criar uma grande abertura nas abas inferiores do kimono, permitindo a quem estiver na sua frente ter uma visão possivelmente desagradável.

Ao descer o joelho direito, você leva o corpo para trás, descansando as nádegas sobre os calcanhares. Nesse ponto, seus dedos estarão dobrados para trás e não com a parte de baixo apoiada no chão. Essa postura é chamada de *kiza* — a posição, na época dos samurai, em que o guerreiro deveria se manter ao se sentar formalmente. É um passo intermediário para o *seiza*. Após estar em *kiza*, seus dedos se endireitam novamente, e quando eles estão apoiados no chão, você se senta sobre eles, de modo que os calcanhares fiquem sob as nádegas, com os pés cruzados de modo que os dedos maiores de um pé cruzem sobre os do outro pé.

Você precisa praticar, até que cada passo flua naturalmente até o seguinte. Não é fácil. Na tradição de Ogasawara, uma folha de papel às vezes é colocada na frente do ponto em que seus joelhos tocam o chão, e você deve se ajoelhar tão suave e silenciosamente que o papel não se mova com qualquer movimento de ar que você possa causar. Após se sentar, sua postura deverá ser ajustada. Não deixe o corpo caído. Não se sente tão ereto que a barriga seja pressionada para a frente. Não erga o queixo. A melhor maneira, mas não necessariamente a mais agradável, de assumir a postura correta é imaginar que tem uma corda saindo do topo de sua cabeça e está presa ao teto. Ou imagine que o chão e o teto estão aos poucos se juntando e é apenas sua postura que os está mantendo separados, sua espinha esticada, mas não além da curvatura natural. Leve o queixo na direção do peito. Imagine que você está usando brincos e eles estão folgados, e se eles caírem, passarão pelo espaço logo atrás de suas clavículas. As mãos ficam sobre suas coxas. É comum que os jovens e fortes praticantes de karate se sentem em *seiza* com os punhos apoiados nas coxas. Não os imite, mesmo que você seja um jovem e forte praticante de karate. Deixe os braços caídos, com apenas a pressão suficiente para imaginar que você tem ovos escondidos nas axilas: mantenha os braços junto do corpo com pressão suficiente para que os ovos não caiam, mas não tanta que quebre as cascas. Os joelhos ficam afastados o suficiente para que você possa colocar os punhos um ao lado do outro entre eles se você for homem; um pouco menos afastados se você for mulher. (Novamente, essas são as regras do método de Ogasawara. Alguns *dojo* não fazem distinção entre gêneros. Mas saiba que se uma mulher se senta com os joelhos afastados, isso pode parecer "impróprio" no contexto da maioria das artes tradicionais japonesas, da mesma maneira que seria considerado estranho um homem ficar com os joelhos pressionados juntos.) Desça os ombros. Desça-os mais um pouco. A maioria das pessoas atualmente, especialmente os ocidentais, tende a desenvolver posturas tanto sentadas quanto ao caminhar em que os ombros ficam levantados. Especialmente quando estamos tentando ser "formais". Tente retirar conscientemente dos seus ombros qualquer rigidez, fazendo que eles cedam junto com sua coluna. Ao fazer isso, você verá que sua coluna tende a se endireitar, como deveria.

Descrevemos o *ojirei* — a verdadeira reverência — a partir da posição de *seiza*. Talvez os erros mais comuns são "quebrar" a linha que vai de trás da cabeça até as costas ao fazer a reverência e erguer as nádegas dos calcanhares ao mesmo tempo. Nos intervalos, quando estiver apenas sentado — em muitos *dojo*, os alunos ficam em *seiza* por alguns momentos para meditação antes e após o treino; neste livro há um capítulo dedicado a isso —, você rapidamente descobrirá que o *seiza* é um desafio. É tão comum que existe uma palavra em japonês para descrever a sensação de suas pernas ficarem dormentes nesta posição: *shibireru*. Mas antes da dormência, vem a dor, a cãibra, dores irritantes nos joelhos e canelas, e você perceberá a existência de músculos que nunca lhe chamaram a atenção antes. Não é insuportável. Mas, dependendo de sua flexibilidade, de seu peso e do nível geral de seu condicionamento físico, é desconfortável. Atualmente, a maioria dos japoneses não consegue se sentar confortavelmente em *seiza*. Não é uma postura que assumimos no dia a dia. Portanto, é necessário que você se acostume. Não existem atalhos nem segredos. Concentre-se no alinhamento de sua cabeça e de seus ombros e no início limite-se a ficar poucos minutos nessa posição. No início, tente fazer sobre um tapete. Com o tempo, o *seiza* será mais natural para você. Pode não ser uma posição em que você queira se sentar para assistir a um filme. Mas, na maioria dos casos, o corpo finalmente aprende a ficar em *seiza*.

Após fazer a reverência, você deve se erguer novamente. Se não estiver acostumado a se levantar a partir da posição de *seiza*, você deverá se ajoelhar sobre um joelho, com a outra perna dobrada na sua frente para poder fazer força para cima até estar de pé. Essa seria a forma mais fácil. Mas, é claro, não é a forma de Ogasawara. Na verdade, não é uma maneira muito eficiente de se levantar do ponto de vista marcial, bem como não é esteticamente bom, porque é possível ver em que perna todo o seu peso está apoiado por um momento. Essa postura o coloca em uma situação em que você pode ser empurrado ou chutado. Em lugar disso, retorne para a posição de *kiza*. Leve a perna direita para a frente para que a frente da sola do pé se apoie no chão, com os dedos dobrados, no mesmo nível da parte detrás de seu calcanhar esquerdo. A partir daí, você se levanta direto. Tente fazer isso de frente para uma parede a cerca de 30 cm de você. Se estiver na posição correta — "como uma coluna de fumaça subindo", de acordo com o Ogasawara *ryu* —, você não baterá com o joelho nem com outra parte do corpo na parede. Ser capaz de se abaixar e se levantar do *seiza* de maneira graciosa e com equilíbrio é uma habilidade tão difícil quanto sentar-se em *seiza* e fazer a reverência de modo apropriado. Pratique sempre que tiver oportunidade, não apenas no início e no fim da aula. Você pode nunca chegar no nível dos antigos Ogasawara, mas estará ajudando muito a fazer que seu corpo fique mais forte, disciplinado e maleável às exigências do *budo*.

Os iniciantes e mesmo as pessoas com muita experiência precisam tomar cuidado com os excessos da reverência, tanto quanto com a falta dela. Em alguns *dojo*, se o treino está acontecendo e o professor se aproxima para dar uma instrução ou fazer uma correção, o aluno faz uma reverência. Em outros *dojo*, todos os alunos que estiverem perto e ouvirem a instrução dada também fazem a reverência. Em certos *dojo*, os alunos fazem reverências que parecem uma caricatura. Apesar de toda essa reverência ser um sinal de verdadeiro respeito, pode facilmente se tornar uma coisa artificial. Mais importante que isso, quando uma pessoa fica o tempo todo fazendo reverências para o professor ou para os alunos mais antigos, isso cria uma atmosfera não muito sadia que não contribui para o espírito do *budo*. Todos no *dojo* devem saber que o *ukerei* (a reverência recebida) e o *okuri-rei* (a reverência feita) são como duas rodas no mesmo eixo. O aluno fica devidamente agradecido pela instrução que recebeu; o professor deve estar igualmente agradecido porque tem a sua volta pessoas dedicadas à continuação da arte. Fazer continuamente reverências ao professor em situações em que ele não retorna a cortesia pode levar à sensação de que o professor "merece" receber a mesura. Isso pode prejudicar a afinidade entre o professor e seus alunos. As pessoas que frequentam um *dojo* moderno devem ter em mente que a origem de todas as artes marciais do Japão, como já dissemos, veio de famílias e comunidades pequenas e muito integradas em que as pessoas são mutuamente dependentes umas das outras. A estrutura hierárquica no *dojo* é virtual. Mas se ela for reforçada por uma etiqueta criada que serve para lembrar os estudantes de suas obrigações, mas que deixa esquecidas as obrigações do professor, os resultados não serão adequados aos valores do *budo*.

Alguns novatos no *dojo* podem rejeitar as reverências por verem nelas um significado religioso. Outros podem se incomodar com a ideia de que, ao fazer a reverência ao professor ou aos alunos mais antigos, estarão praticando um ato indigno para uma sociedade democrática. E outros ainda podem questionar por que fazemos reverências uns para os outros antes e depois de uma prática se um simples aperto de mãos seria mais apropriado culturalmente. As respostas a essas questões são definitivas, mas podem não persuadir o principiante. O significado "religioso" do *ojirei* é semelhante ao fato de se manter uma compostura quieta em uma igreja ou em outro lugar de culto. Ao demonstrar respeito em sua postura e em sua conduta, você não necessariamente estará se comprometendo a cultuar nesses lugares — é apenas a maneira certa de agir. O fato de uma pessoa fazer reverências em um santuário xintoísta ou em um templo budista no Japão não significa que a reverência, em si, seja um ato religioso. E não é. É uma forma de cumprimento ou de reconhecimento, e tem sido assim há muitos e muitos séculos. Seria democrático no sentido de que você deveria se prostrar perante outra pessoa? Não. O *budo* não é democrático. Suas raízes começam no Feudalismo. Não importa o quanto ele se modernizou, ou quanto ele continuará a evoluir. Se perder o contato com essas raízes — e fazer a reverência é uma maneira de manter esse contato —, não mais será um *budo*. E é por isso também que um aperto de mãos não é um substituto apropriado para a reverência no *dojo*. O ato de se fazer a reverência transmite sentimentos e atitudes que não podem ser demonstrados com um aperto de mão ou outro tipo de cumprimento. A reverência não tem comparação. Aprenda a fazê-la corretamente. E considere o exemplo de Araki Murashige, que encontrou no ritual formal da reverência um método com implicações eventuais além da simples etiqueta.

No fim do século XVI, o *shogun* Oda Nobunaga, que tinha um mau gênio, levou o Japão a um grande tumulto. Um de seus samurai, Araki Murashige, estava em uma posição especialmente difícil. Isso não era de surpreender, pois Araki estava envolvido em mais de uma dezena de intrigas políticas naquele tempo. Algumas delas chegaram aos ouvidos de seu senhor, Nobunaga, que pediu ao samurai que se apresentasse. Para qualquer um desses homens, incluindo Araki, isso significava entregar sua espada na entrada antes de ir à presença de Nobunaga. Desarmado, ele se ajoelhou para fazer uma reverência na entrada da sala de Nobunaga. Este seria um momento perigoso, o que Araki só poderia ter percebido — devemos imaginar — em virtude de um sentido refinado e desenvolvido para reconhecer a presença de perigo. Nobunaga era um mestre do ataque surpresa. Na verdade, ele tinha dois homens escondidos de cada um dos lados das portas de grossos painéis de madeira, que deslizavam para serem fechadas. Araki deveria fazer uma reverência na posição sentada antes de entrar, colocando sua cabeça, literalmente, na linha da entrada. O plano de Nobunaga era que seus homens fechassem as portas ao mesmo tempo nesse exato momento, quebrando o pescoço de Araki.

Araki, apesar de seus defeitos, não era estúpido. Como eu disse, as "antenas" dele deviam estar percebendo as potenciais ameaças. E, para sua felicidade, ele era bem treinado na etiqueta da época. Seguindo a forma correta, antes de fazer a reverência, ele retirou de seu cinto um leque fechado que os homens costumavam carregar naquela época, e cuidadosamente o colocou à sua frente.

Crack!

As duas portas se fecharam — quase completamente. O leque de Araki estava exatamente no caminho das portas, mantendo-as afastadas apenas o suficiente para salvar seu pescoço.

De acordo com a história, o desenlace desse incidente fez que Araki mantivesse sua calma, erguendo-se da reverência como se nada tivesse acontecido. Ele reagiu de maneira tão refinada que Nobunaga o perdoou naquele momento e o indicou para um posto do governo. Já faz mais de quatro séculos que Araki usou a etiqueta da reverência para escapar. No momento, poucas vidas estão em jogo. Mesmo assim, fazer uma reverência de forma apropriada tem um significado muito maior que um cumprimento ou um reconhecimento. Aprender a fazê-la corretamente é um passo essencial para seguir o Caminho.

9

LINGUAGEM MARCIAL
HEIGO

Heigo significa "linguagem marcial" ou "linguagem militar". É uma das muitas "linguagens" do japonês. Mais especificamente, *heigo* é uma forma de *ben*, um dialeto especializado ou língua franca. Por exemplo, existe o *sushi-ben*, as gírias nos grupos ligados a *sushi*, em que *shoyu* (molho de soja) é chamado de *murasaki* ("púrpura") e em vez de se contar *ichi, ni, san*, se diz *pin, ichinoji, geta*. Essas formas de gírias especializadas evoluíram ao longo dos anos no Japão. Algumas são muito antigas, como o dialeto particular que é usado dentro da residência imperial. Outros, como os idiomas usados pelos jovens, são tão novos e inventivos que já sofreram mutações e crescem a todo momento. De certo modo, essas formas "internas" de linguagem são ligadas a um forte sentimento de participação em um grupo, o que é uma característica antiga da civilização japonesa. Entre os militares, e em menor extensão, no universo de certas escolas e universidades com forte tradição de artes marciais, *heigo* é frequentemente usado.

Heigo inclui termos militares específicos como os equivalentes para cabo ou batalhão. Mas, em algumas ocasiões, o *heigo* é quase indistinguível do linguajar rude e masculino usado pelos homens mais jovens (em japonês). Em vez de dizerem "*yoroshii*" ("isso é bom", ou "você está fazendo certo") como deve ser dito em ocasiões menos informais, o professor do *dojo* pode resmungar "*Yosh!*". Em outras circunstâncias, o *heigo* usa palavras totalmente diferentes do linguajar comum em japonês. *Zenpo* e *koho*, por exemplo, são usados no lugar das palavras em japonês equivalentes a "para a frente" ou "para trás". As palavras podem ser reconhecidas pela maioria dos japoneses, mas são usadas tipicamente apenas em grupos militares ou no *dojo*. Da mesma maneira que o criminoso japonês se refere às travas de cadeados com a gíria do submundo *shippiki* para demonstrar que está "por dentro" naquela sociedade de criminosos, a familiaridade do budoka com o *heigo* usado no *dojo* é um modo de defini-lo como uma pessoa do meio. Entretanto, devemos ter duas coisas em mente. Primeiro, o budoka deve compreender que essas palavras podem ser completamente incompreensíveis para uma pessoa que fale japonês mas que não tenha experiência com o *budo*. Elas não fazem parte do vocabulário comum e você não deve esperar que os japoneses entendam o que você está dizendo com elas. Em segundo lugar, você deve prestar atenção ao contexto em que a palavra é usada.

O que nos traz ao "*Osu!*". Uma enorme quantidade de palavras já foi empregada supostamente para explicar essa interjeição. Em alguns *dojo*, especialmente de karate, é usada infinitas vezes e para qualquer coisa, podendo significar "entendi", ou "vou tentar", ou "olá", ou "adeus", ou "sim, senhor!", ou até, quem sabe, "meu pé está doendo". Em outros *dojo* é usado principalmente como um cumprimento, se for usado. Em alguns *dojo*, você ouvirá "*Osu!*" sendo gritado centenas de vezes em uma única aula; em outros, se alguém disser isso, receberá uma risada ou um aviso para "não entrar nessa".

O mais provável é que o *osu* começou como um cumprimento. Provavelmente é uma contração de *Ohayo gozaimasu*, ou "bom dia". Sabemos que era usado na prestigiada academia naval japonesa pelo menos no início do século XX. Também pode ser uma forma contraída de *O-negai shimasu*, usado nos *dojo* como forma de pedir a um parceiro que venha treinar com você. É verdade que o kanji usado para escrever "*osu*" ao ser combinado pode ser usado para escrever "empurrar" e "perseverar". Mas derivar algo daí em um sentido etimológico seria pura especulação sem nenhuma evidência para apoiá-la. Pense assim: em inglês, cumprimentamos as pessoas com várias palavras, e entre elas "good morning". Frequentemente abreviamos para "morning". Suponhamos que eu fale pouco inglês, com algum domínio da língua, e deseje ensiná-la em meu país, mas com pouca experiência nisso também. Eu escutei o cumprimento "morning" muitas vezes enquanto estive perto dos norte-americanos e adicionei a palavra ao meu vocabulário. Ao retornar a meu país de origem e começar a ensinar outras pessoas a falar inglês, digo aos meus alunos que "morning" é uma forma correta para cumprimentar uma pessoa. Sei disso porque eu a vi sendo usada assim. Mas não entendi que "morning" não é um cumprimento universalmente correto. Não é usado à noite ou, por exemplo, por um subordinado que esteja falando com seu capitão no exército. Meus alunos também não entenderiam isso. E depois, quando eles começassem a ensinar inglês por conta própria, eles incorporariam o "morning" em suas lições. Mais cedo ou mais tarde, um de seus alunos iria perguntar: "Por que eles dizem isso em inglês? O que uma parte do dia tem que ver com cumprimentar alguém?". Como a natureza humana é assim (veja a discussão sobre o alegado significado simbólico das pregas do *hakama* ou das cores das faixas), uma explicação seria inventada.

"Bem, ao dizer 'Morning', os norte-americanos estão dizendo que a terra deles é a terra das oportunidades, em que a promessa de um novo dia sempre traz novas esperanças e um renovado otimismo". Inevitavelmente, haveria alguma explicação desse tipo de alguma "autoridade". Mais que uma. Todas baseadas na compreensão incorreta do contexto. O mito do "*Osu!*" provavelmente é explicável dessa maneira. Se essa palavra ou outras são usadas em seu *dojo*, siga o costume. Mas cuidado para não extrapolar sua experiência para outro *dojo* ou em outro *budo* ou em outra arte japonesa, e em suas interações com pessoas que falam japonês. *Heigo* é uma forma especializada de linguagem com suas regras e aplicações próprias. Você deve começar seu estudo aprendendo o vocabulário. Mas depois de aprendê-lo, preste atenção no contexto.

10

O "SENSEI"[1]

SENSEI

O que você espera do sensei? Ele é uma figura que, ao menos um pouco, entrou no vocabulário do Ocidente. Graças aos filmes e romances sobre o Japão, e particularmente sobre as artes de lutas daquele país, aprendemos essa palavra. Temos ainda uma imagem. Misturamos a imagem famosa e familiar do Sr. Miyagi no filme *Karate Kid* com uma noção superficial da personalidade serena e taciturna do finado ator Toshiro Mifune. A isso, adicione uma pitada da agudeza de espírito do pequeno mestre Jedi Yoda. Tempere bem com a sabedoria de um mestre *shaolin* da antiga série de TV *Kung Fu*, e, destilado, podemos ter como resultado: o *sensei* perfeito — ao menos como é imaginado pelas pessoas que não têm quase nenhum contato com a realidade. De fato, o sensei de verdade talvez tenha um pouquinho dessas características estereotipadas. O mais provável é que ele seja mais notável por suas características comuns que por qualquer outra coisa. Quando não está realmente dando aulas, ele se confunde com a multidão. E quando ele está ensinando, é mais provável que

1. Comentário do prof. Wagner Bull: Etimologicamente sensei significa "alguém que veio antes". Sensei não deve ser traduzido nem como professor nem como mestre em um *dojo*. No sentido cultural japonês ele é aquela pessoa que lidera o *dojo*, e que começou a estudar antes e, portanto, é digno de todo respeito. No Japão, quando alguma pessoa se notabiliza em algum conhecimento, é chamado de sensei. Um sensei pode ensinar e ser um "professor", mas isso não significa que ele tenha de ser um mestre perfeito, como alguns imaginam ser o significado dessa palavra. Os japoneses têm também a expressão *Shihan*, que significa "sensei modelo", ou seja, que deve ser copiado. Para o fundador de uma arte, usam o termo *Kaiso*, e para o sucessor ou guardião da tradição usam os termos *Soke* ou *Doshu*.

sua atitude seja mais calma que dramática ao ensinar com gentileza; que ele seja mais sutil que agressivamente carismático. A sorte e o destino colidiram em sua vida, dando a ele tanto a capacidade técnica quanto o desejo — mais frequentemente uma alegre vontade — de compartilhar seus talentos com outras pessoas. Assim, ele se torna, para sua própria surpresa em muitos casos, um caminhante do Caminho que já foi longe e é capaz de recordar seus passos para poder ajudar outras pessoas na mesma trilha.

Como muitas das instituições com raízes no Japão tradicional, não existe um equivalente preciso no Ocidente. Por não termos ninguém que seja exatamente como um sensei, acabamos por dar definições que são enganosas ou inadequadas ou absolutamente erradas. Assim, o que se tenta é explicar o *sensei* definindo-o exatamente pelo que ele não é.

O sensei não é um treinador. Isso deixa algumas pessoas perplexas. Especialmente as pessoas com formação esportiva e que interpretam a parte atlética de um *budo* como, mais ou menos, uma modalidade exótica de exercício ou competição. O que seriam tais atividades sem um treinador?

O sensei não é uma figura paternal. Nem é um guru, um sacerdote ou um oráculo. Ele não é um sábio que tem respostas para tudo, adornado com armadilhas místicas e pensamentos peculiares, ganhando a afeição por meio do estilo misterioso com que fala. Ele não possui uma resposta simples e eficiente (e frequentemente enigmática) para resolver todas as dúvidas e problemas de seus alunos. Muitos se aproximam dos *budo* japoneses em virtude da frágil estrutura de sua autoestima. Eles fazem isso pela necessidade de poder ou pela compulsão de adotar uma arte ou uma filosofia exótica por acharem que isso falta em suas próprias culturas. Essas necessidades agem como forças magnéticas que compelem várias pessoas a se encaminharem para um *dojo*. Em algumas ocasiões, a necessidade dessas pessoas, real ou imaginária, é encontrar alguém que tenha todas as respostas — um "pai". Em outras circunstâncias, essas pessoas talvez buscassem um reverendo Jim Jones ou um

Maharishi, ou qualquer líder espiritual ou figura política que sempre estão por perto com promessas de preencher o vazio ou curar as feridas da alma.

O sensei nem sempre sabe de tudo; nem sempre é paciente (nem adivinha as coisas), nem sempre é tecnicamente infalível (ou invencível). O sensei é mais um produto das circunstâncias especiais da cultura e da civilização japonesa pré-moderna. E estas, entre outras "forças", criaram o sensei:

• A agricultura e a geografia se combinaram no Japão para criar comunidades firmemente interligadas, em que a necessidade de uma liderança autoritária era balanceada pela ênfase pronunciada nos membros do grupo, da vila, do clã, da família, todos trabalhando juntos. O Japão teve um grande número de tiranos. Mas a liderança em comunidades pequenas e relativamente isoladas do Japão pré-moderno geralmente recaía sobre personalidades que governavam e exerciam influência assumindo as responsabilidades que permitiriam ao grupo continuar e prosperar.

• O Japão tomou emprestado da China uma forma de escrita e criou seu próprio e belo silabário complementar, o que não era passível de rápida ou ampla reprodução. Mesmo após a introdução da impressão no Japão, não era fácil obter informações por meio da palavra escrita. Com a falta de uma disponibilidade ampla de textos e fontes escritas, um método para compartilhar de modo confiável o conhecimento ou as habilidades era vital. O papel do sensei se desenvolveu em grande parte pela interação direta com seus alunos. Suas aulas não eram sob nenhum aspecto de instrução em massa. E isso era feito sem o uso de material escrito. Ele compartilhava seus conhecimentos por meio de *isshin-denshin*, uma transmissão direta e altamente individualizada. *Isshin-denshin* é a transmissão direta de habilidades ou conhecimentos de uma pessoa para outra. É importante se compreender que o compartilhamento direto de habilidades e informações também foi considerado um modo superior de aprendizado em todas as artes tradicionais do Japão, especialmente porque uma grande parte da arte em si vive na personalidade do sensei.

• O Confucionismo, depois de introduzido no Japão durante o século IV ou possivelmente antes, misturou-se facilmente com a predileção nativa dos japoneses por venerar a idade e respeitar a ordem social. Isso era demonstrado nos relacionamentos firmemente delineados entre pais e filhos, vassalos e lordes, professores e alunos. A posição social era dada tanto pela idade e antiguidade quanto por habilidades e proezas. Não é uma coincidência que a tradução literal de sensei é "a geração precedente".

Em uma perspectiva histórica, o sensei pode ser confundido com um *iemoto*, ou *soke*, ou o que é mais bem traduzido como mestre e líder — tanto o fundador de um *ryu* específico ou seu herdeiro. Em alguns casos, ambos podem ser sinônimos. O estabelecimento de um *ryu* quer dizer que seu criador teria necessariamente de ser um professor. Como os *ryu* seguiram adiante através de sucessivas gerações, o título de líder era dado por herança em um processo dentro da família. Isso mantinha a linhagem do *ryu* intacta, mas pode ter significado em alguns casos que o herdeiro não era necessariamente o melhor professor do *ryu*. Um sensei poderia ter recebido o direito de ensinar o *ryu* de um mestre que, apesar de ter herdado a posição social do topo da pirâmide do *ryu*, não se interessava por ensinar ou não tinha talento para isso. Posteriormente, os professores poderiam ter recebido licença para ensinar por meio do *ryu* se sua estrutura fosse composta para autorizar os que receberam a permissão para ensinar. Isso seria decisão do líder. Essa tradição persiste hoje, em artes marciais clássicas e nos *ryu* dedicados ao arranjo de flores, teatro nô, caligrafia e outros. É uma instituição profundamente feudal, e nem sempre justa ou razoável. Entretanto, é inegável que ela funcionou, pois ainda temos *ryu* que se originaram centenas de anos atrás, ainda bastante intactos, e sendo transmitidos para sucessivas gerações.

Nas organizações de artes marciais modernas, as autoridades mais antigas do grupo frequentemente designam o sensei. As organizações podem ter padrões particulares de exigência quanto à graduação, tempo de treinamento, entre outros, ou podem conferir a habilidade de ensinar baseadas em seu conhecimento do indivíduo. E, é claro, não é ilegal que uma pessoa assuma a autoridade por si mesma, que ela saia e abra um *dojo* ou academia de caligrafia ou uma escola de arte japonesa. Não existe uma Ordem de Certificação de sensei em nenhum lugar do Japão que ateste os professores dessas artes.

E quando uma pessoa alega ser um professor mostrando papéis elaborados e documentação, "provando" que ele é um sensei ratificado por esta ou aquela organização, essas certificações podem facilmente ter vindo de alguma organização que ele criou. O que quero dizer é que o título de sensei não é mais dado de forma confiável e consistente, nem no Japão nem em nenhum outro lugar.

Os primeiros sensei de *budo* sem dúvida tiveram o direito a essa posição em virtude das habilidades técnicas e práticas que possuíam. Eles sobreviveram às experiências em campos de batalhas e eram hábeis em transmitir seus talentos. Os primeiros estudiosos que dirigiram suas energias à pesquisa desse aspecto da história japonesa há muito tempo acreditam que essas instruções de combate em seu princípio tinham estrutura informal. Isso deve ter ocorrido por volta do século IX, quando os senhores feudais começaram a organizar exércitos privados para proteger seus domínios, precipitando a primeira guerra em massa no Japão. Um homem sobrevivia a um combate, lembrava-se do que havia feito, e depois contava e mostrava a outros. Nenhum registro verdadeiro daqueles tempos deu qualquer outra evidência de que fosse usado outro tipo de método de ensino. Mas existem outras informações interessantes nos rolos escritos que documentam os eventos da história, indicando que o método de ensino deste período pode ter sido mais formal e estruturado do que acreditamos. Certo. Mas foi o primeiro *ryu* formal devotado ao combate, por volta do século XIV, que viu o desenvolvimento do papel do sensei de maneira concreta. Esta introdução, a propósito, é às vezes citada como o princípio do que foi considerado uma delegação de autoridade das artes de luta do Japão para pessoas que não se enquadravam na imagem do guerreiro. O argumento é que os melhores — ou mais bem-sucedidos — guerreiros estavam ensinando diretamente — métodos de ensino baseados em suas vitórias nos campos de batalha —, e o aprendizado era imediato e concretamente baseado na realidade. Era certo que se aprenderia com o melhor, porque o segundo melhor estaria aleijado ou morto. Esse é um argumento razoável. Mas tem erros críticos. Mesmo o mais ativo ou endurecido samurai encarava uma realidade de combate não muito diferente da que é encontrada pelo soldado moderno. Quantas batalhas, quantos encontros homem a homem ele pode ter tido em sua carreira? Talvez no máximo uma dúzia. Certamente não o suficiente, exceto em casos extremos, para que ele analisasse objetivamente o que foi que o levou à vitória. Um dos merecimentos mais notáveis e extraordinários do *ryu* é que ele promove uma acumulação coletiva de experiências. O fundador deve ter descoberto um princípio único de combate. Mas a história de quase todos os *ryu*, entretanto, revela que seus alunos adicionaram a ele suas próprias descobertas e amplificações de seus princípios; assim, ocorreu com as sucessivas gerações. Essas contribuições são muito importantes na formação do *ryu*. O grande expoente do *ryu* tradicional, portanto, não depende da experiência questionável e necessariamente limitada de um homem, mesmo que ele tenha talento, mas sim das experiências e revelações de muitas e muitas pessoas que aumentaram a riqueza do *ryu*.

No fim do século XV os *ryu* dominavam a pedagogia da instrução japonesa na maioria das artes. Eles controlavam a disseminação destas artes sob a direção de um mestre, e, como vimos em muitos casos, com a supervisão de um ou mais sensei.

(E o que dizer de outros tipos de ensinamentos? Aulas de leitura e escrita, matemática e outros assuntos não eram bem organizadas no Japão pré-moderno. O índice de pessoas alfabetizadas durante o período feudal era extremamente alto. Mais de 90% dos japoneses durante o século XVII podiam ler e escrever. Entretanto, os estudos vinham de escolas dirigidas por templos budistas, ou eram feitos em casa. Alguns domínios feudais estabeleciam escolas compulsórias, e os filhos de samurai e famílias nobres recebiam estudos em academias formais. Entretanto, somente no início do século XX o Japão estabeleceu, como país, uma educação pública sistemática, que teve como modelo a da Europa).

Alguns poucos *ryu* eram muito grandes em número de inscritos. Mas o *ryu* típico era pequeno, confinado a uma localização geográfica isolada ou mesmo a uma vila ou um domínio político. Nos *ryu* menores, a proximidade encorajou uma interação direta entre o sensei e seus alunos. Isso posteriormente solidificou o relacionamento entre eles. Mesmo no moderno *budo*, que se desenvolveu após o fim do período feudal — ou até nos casos em que ocorreram tentativas deliberadas de modernização das aulas e da adoção de métodos ocidentais de ensino —, a maioria dos alunos tinha um relacionamento pessoal com o sensei. Foi somente depois do fim da Segunda Guerra Mundial que o número de praticantes do *dojo* de *budo* cresceu tanto que o professor precisou ter uma visão de "turmas", e não mais um grupo de alunos que eram individualmente reconhecidos.

Hoje, até um pequeno *dojo* de bairro pode ter tantos membros inscritos que o professor não tenha como conhecer todos os rostos que vê ao fazer a reverência antes de começar a aula. Foi uma mudança radical. (Quando um de meus sensei insistiu que eu começasse a dar aulas de artes marciais, perguntei-lhe quantos alunos eu deveria ter. Ele me disse: "Vire de costas para eles. Se, sem olhar, você puder reconhecê-los pelo som de seus gritos e pelo som que eles fazem ao pisar o chão, você tem o número certo"). Outros Caminhos tradicionais, como a cerimônia do chá ou o arranjo de flores, enfrentam o mesmo novo paradigma. O sensei tenta ensinar artes que possuem raízes feudais, criadas para serem ensinadas a pessoas que são vizinhos ou parentes, pessoas com as quais o professor compartilharia uma comunidade e um estilo de vida, bem como uma perspectiva psicológica. Nada disso ocorre atualmente, então ele deve adotar uma nova forma de aproximação. Isso quer dizer que o futuro dessas artes não é claro. Na verdade, isso tem gerado mudanças na definição e no papel do sensei das artes tradicionais.

No Japão, sensei é um título usado com certa regularidade. Professores de escola são chamados de sensei por seus alunos e pela sociedade em geral, tendo em vista o *status* elevado que o ensino possui no Japão. Artistas, escritores e pessoas ilustres em suas profissões são frequentemente chamadas sensei. A palavra é até mesmo usada de maneira jocosa. Um jovem que tenha sucesso com mulheres pode ser chamado, sarcasticamente, de sensei como tributo a suas proezas românticas. No *dojo*, a palavra normalmente é reservada para a pessoa que é o instrutor principal. Em um grande lugar de treino em que alunos mais antigos podem ter deveres que incluem dar algumas instruções, eles geralmente não são chamados de sensei. Esse título é reservado para a pessoa que está no topo. Todos os demais podem ser vistos como superiores hierárquicos ou instrutores em treinamento.

Alguns *dojo* têm uma variedade de títulos como *renshi, kyoshi, shidoin* e outros, que designam algumas posições de autoridade. Alguns desses títulos se originaram na cadeia de comando militar dos samurai. Eles foram adotados para o moderno *budo* pela Butokukai, uma organização da qual falamos no Capítulo 3 sobre o *keikogi*. A Butokukai originalmente deu raras graduações de *renshi* e *kyoshi*; por exemplo, a pessoa mais importante do karate japonês do século XX, Gichin Funakoshi, recebeu a graduação de *kyoshi* em 1943 (o presidente da Butokukai da época, a propósito, era Hideki Tojo, o primeiro-ministro e principal comandante militar das Forças Armadas do Japão, que foi executado como criminoso de guerra após o fim da guerra). Após a guerra, esses títulos foram inicialmente adotados pelas organizações nacionais de kendo do Japão e depois por algumas outras formas de *budo*. Os padrões para eles foram muito facilitados. Mesmo assim, eles não são facilmente obtidos em círculos legítimos do *budo*. O título de *hanshi* é dado no kendo atualmente depois que uma pessoa for nomeada *kyoshi* por pelo menos uma década, tendo mais de 55 anos de idade e que tenha obtido o oitavo *dan* na arte. E mesmo assim esses títulos quase nunca são usados ao se falar com a pessoa que os recebeu. Não se diz, "Suzuki-*renshi*, pode me ajudar com essa técnica?". Não. Ele deve ser chamado de 'Suzuki-san' ou Suzuki-sensei". A preocupação com esses títulos e seus usos em conversas dentro e fora do *dojo* é uma das características de alguns *dojo* do Ocidente, em que, infelizmente, se dá a títulos e graduações mais ênfase do que eles merecem na verdade. Mas não importa que títulos são usados no *dojo,* só há um sensei.

(Uma exceção a isso seria em casos como na antiga Associação Japonesa de Karate ou no atual Centro da Aikikai de Aikido, que são lugares em que mais de um mestre assume a responsabilidade por diferentes aulas durante a semana de treino. Nesses casos, pode haver vários sensei, cada qual com seus próprios alunos, compartilhando o espaço. Nessas situações, não seria impróprio chamar cada um deles de sensei.)

Entre os professores ocidentais mais antigos do *budo*, muitos não permitem que seus alunos os chamem de sensei. Eles podem permitir isso quando a aula está ocorrendo no *dojo*, mas pedem que em qualquer outra situação os alunos os chamem pelo nome. Essa é uma atitude séria e recomendável. Esses professores reagem não apenas ao emprego indevido da palavra, mas à conotação que ela carrega. Para muitas pessoas no Ocidente, como já percebemos, sensei é um título praticamente idêntico ao de mestre. Se, em uma conversa corriqueira, você explicar a um japonês que o Sr. Smyth é um sensei de *budo*, provavelmente ele compreenderá que o Sr. Smyth tem a responsabilidade de instruir outras pessoas em algum modo de combate, ponto final. Se você der a mesma explicação a um ocidental, é mais provável que ele imagine que Smyth é um *expert* na arte de causar lesões corporais usando apenas as mãos, um possuidor de habilidades quase sobrenaturais, cujos discípulos só falam com ele por meio de sussurros. Talvez eu esteja exagerando. Mas não muito. Sensei é um título que carrega no Ocidente todo um tipo de bagagem, o que não acontece no Japão. Muitos professores ocidentais, desejando evitar esse tipo de equívoco, optam por serem chamados de maneira mais informal. Em outras palavras, para voltarmos à questão inicial desta discussão, eles sabem que existe uma expectativa quanto ao "sensei" em círculos de artes marciais não japoneses. Algumas dessas expectativas são absurdas, e outras são impossíveis de ser atingidas por qualquer mortal.

Se quisermos uma imagem clara e correta do sensei, uma maneira de fazê-lo é analisar as atividades que mencionei anteriormente e que o geraram.

Liderança com Autoridade. O sensei é o chefe. O *dojo* não é nem nunca pode ser uma democracia. Talvez essa seja uma ideia drástica, mas em certas situações o *dojo* é como um pequeno barco, cheio de passageiros e solto no mar. Pense nos primeiros havaianos, os intrépidos polinésios, que deixaram suas ilhas natais em uma longa e inacreditável *waka* para fundar uma nova civilização no meio do Pacífico. Os antropólogos e as tradições orais havaianas nos contam que essas canoas eram chefiadas por líderes cujas ordens e decisões seriam, necessariamente, leis absolutas. Em circunstâncias tão extremas, em que vidas estavam em jogo, não poderia haver votação quanto ao tamanho da porção de comida ou decisões em grupo sobre quem estaria de guarda em que momento. Pela segurança de toda a canoa e pelo sucesso da viagem, a autoridade deveria partir de uma só pessoa. Sua palavra tinha de ser definitiva. No *dojo*, mesmo que as circunstâncias não sejam tão difíceis, o perigo está sempre presente. Mesmo na melhor das circunstâncias, acidentes podem acontecer quando pessoas usam armas umas contra as outras ou estão atacando, chutando ou arremessando umas as outras. As emoções podem ser exageradas perante tais ameaças, mesmo havendo segurança sob a forma de regras e proibições. Para que haja coerência, a ordem deve ser absolutamente mantida, e não pode haver dúvidas sobre quem a mantém.

Ao falarmos sobre os perigos no *dojo*, não estamos considerando apenas os riscos físicos que são inerentes ao fato de que as pessoas estão praticando atividades violentas ou de antagonismo. O conflito tem reverberações emocionais e psicológicas. Talvez haja um aluno que está lidando com uma história de abuso ou haja outro que aprendeu a interagir com as pessoas por meio da agressão e da intimidação. Pode haver também quem se sinta tentado a usar o treino como uma oportunidade para sedução e romance e que pode tirar vantagem do ambiente. O sensei não é um terapeuta. O objetivo do *dojo* é tornar as pessoas que são saudáveis ainda mais saudáveis, física, psicológica e espiritualmente. Não se pode esperar que ele conserte seres humanos que têm problemas sérios. E se um membro demonstra problemas pessoais sérios, o trabalho do sensei é afastá-lo, de modo gentil se possível, mas de maneira firme e definitiva se for necessário. Mas ele também deve ter maturidade e compreensão para lidar com o lado imprevisível de nossa espécie. Isso requer liderança. É um tipo de liderança que não é nada diferente do líder familiar ou da vila do antigo Japão rural.

De modo menos dramático, também podem ocorrer problemas se a fonte das instruções variar ou for indeterminada. O sensei é o modelo. Ele também deve ser um líder no sentido de servir como um paradigma técnico para os demais. Ele é, de fato, a única fonte de instruções. Quer saber como ser excluído rapidamente de um *dojo* tradicional? Aproxime-se do sensei dizendo: "Eu li um livro que diz que a técnica deveria ser feita de tal maneira", ou então: "Tal pessoa faz esta técnica desse modo". "Tudo bem", ele lhe dirá, "vá aprender com o livro ou com tal pessoa." Quando você entra no *dojo*, há um reconhecimento de que aquele professor sabe algo que você quer aprender. Ele ensinará isso de uma maneira específica. Você deve aceitar isso. E se não aceitar, estará livre para partir. O *dojo*, entretanto, nunca funciona por meio de consenso.

Toda essa conversa sobre liderança e chefes não quer dizer que o sensei seja um ditador. Esse é um exemplo de que certas comparações são inadequadas, de quando as definições têm uma falha de compreensão. O sensei é o "cabeça" do *dojo* e a fonte das instruções. Mas, como o líder de uma família ou de um povoado, sua posição social depende da lealdade das pessoas abaixo dele. Se o sensei for um árbitro de padrões técnicos, seus próprios padrões deverão fazer que ele mereça essa posição. A idade, e a fraqueza física que dela pode decorrer, pode comprometer suas habilidades de algum modo. Mesmo assim, ele deve ser um modelo, e sua avaliação sobre habilidade deve ser definitiva.

O sensei é um modelo, o padrão para a arte que ele ensina, e isso explica muito sobre o segundo fator de contribuição no desenvolvimento cultural do Japão quanto ao desenvolvimento do sensei: a transmissão direta de conhecimentos. Como já percebemos, a falta de material publicado influenciou a preferência do tipo de ensinamento de pessoa para pessoa no antigo Japão. Mas, além disso estava a inclinação pelo imediatismo, pelo relacionamento entre o professor e o ensinamento, que ia bem além do toma lá dá cá comum e pedagógico que experienciamos na educação. No *ryu* clássico, o líder representa mais do que apenas a fonte de experiência. Ele não apenas ensina a mecânica do *ryu*. Ele é, de uma maneira muito real, a própria personificação do *ryu*, que pode ser imaginado como um corpo unificado. Seus membros compartilham histórias e tradições, além de uma perspectiva particular das coisas, e habilidade técnica. (Essa é outra razão crítica pela qual o *ryu* não é facilmente adaptado para uma disseminação em larga escala.) Tudo isso vem de uma fonte, o líder. Desde os detalhes técnicos quanto à maneira como ele segura uma arma ou adapta seu corpo para responder a situações da vida em geral, o aluno vai revelar algo do mestre em si, desde que, por tempo suficiente, ele tenha sido treinado correta e pessoalmente por seu mestre. Ele não é um espelho do mestre; o objetivo do *ryu* não é criar clones. Como uma parte grande do *ryu* está dentro da personalidade do líder, certo grau de transferência é inevitável.

Naturalmente, quando o *ryu* começa a aumentar em tamanho, esse contato imediato pode ser comprometido ou completamente perdido. Por exemplo, existem *ryu* devotados ao arranjo floral, que têm centenas de membros espalhados por todo o planeta. O aluno de um *ryu* de ikebana pode ter sido treinado por seu professor por uma década ou mais sem nunca ter visto o líder do *ryu*. Da mesma maneira, nos modernos Caminhos marciais, o papel do líder tem sido deliberadamente substituído quase de forma universal por um grupo ou uma comissão de autoridades mais antigas. Esses líderes, por sua vez, designam membros que também são de alto nível para servirem como professores que ensinarão aos seus próprios grupos em outros países, estados ou cidades. Esses professores indicarão alguns de seus alunos mais avançados para dirigirem outros *dojo* individuais. É um modelo mais próximo de uma corporação que de uma família feudal ou clã representado pelo *ryu* clássico. E isso representa outras grandes mudanças no relacionamento entre o aluno e o professor. Por exemplo, se estou treinando em um *dojo* de aikido de uma pequena cidade no sul de Illinois, na maioria dos casos meu professor não será alguém que aprendeu diretamente com o fundador do aikido ou com seu filho ou seu neto. Provavelmente ele nem sequer terá ido alguma vez ao Japão. Ele será alguém que foi aluno de outra pessoa mais graduada, talvez de Chicago ou de outra cidade suficientemente grande para ter uma escola de aikido maior que possa abrigar um professor de nível elevado dentro do aikido nos Estados Unidos. Por sua vez, essa pessoa terá um professor de graduação mais alta e mais experiência. E então, uma ou duas vezes por ano eu poderei participar de um seminário que me permitirá estar sobre o mesmo tatami, junto com dezenas ou centenas de outros alunos, aprendendo com o professor do professor do meu professor. Mas eu não veria esse homem ou essa mulher como *meu* professor. Nesse caso, meu professor é a pessoa que me dá aulas em nosso *dojo* aqui em Illinois.

Em situações de treino desse tipo, que é a mais frequente em qualquer lugar do mundo nos modernos *budo*, sou capaz de imaginar que meu professor não é o "modelo" para a minha arte. Na verdade, ele pode ser só um pouco mais graduado que eu. Eu não o vejo como a autoridade máxima quanto às técnicas, apesar de aceitá-lo como a maior autoridade dentro do nosso *dojo*. Se ele demonstrar uma técnica para mim, eu posso comentar "Eu vi Ishi sensei fazer isso e aquilo em um seminário no qual ele disse que queria que a técnica fosse feita assim". O professor competente terá uma de duas respostas, ambas corretas; ele pode dizer: "Sim, isso está certo. Mas, para o seu nível, faça a técnica como eu ensinei por razões que você ainda não pode entender". Ou ele dirá: "Você está certo, eu esqueci disso. Vamos fazer como Ishi sensei quer que façamos". Ele também pode ficar irritado ou zangado por esse questionamento de sua posição. O professor pode não perceber, mas ele está voltando à resposta do sensei ou do mestre do *ryu* clássico. Mas há uma grande diferença. Ele não é um membro de um *ryu* clássico. Ele não ensina daquela maneira, nem tem a autoridade final que um mestre ou um sensei de um *koryu* teria. Ele é um membro de uma organização de *budo* moderna, que tem um líder cujo trabalho é apresentar o modelo a ser seguido. O trabalho dele é tentar atingir um padrão, e se você busca esse padrão, tendo recebido instruções sobre isso do líder de sua organização, ele deverá ficar grato a você. A falha em reconhecer essa enorme diferença entre uma organização de *budo* moderna e um *ryu* marcial clássico é um dos aspectos mais tristes do *budo* atualmente.

Mesmo que o sensei do *dojo* atual possa não ter um lugar absoluto de autoridade como as que encontraríamos nos salões de treinamento da era feudal, e mesmo que sua personalidade não personifique o espírito da arte como o sensei do *ryu* o faz, isso não diminui a importância vital do aprendizado de pessoa para pessoa. Como qualquer arte intrincada ou complicada, o *budo* possui muitas sutilezas, e tantas manifestações individualizadas, que não existe uma maneira de ele ser ensinado por meio de livros, de vídeos ou por um professor em pé na frente de um grande salão contando movimentos como um sargento. O relacionamento deve ser imediato, ao menos para os praticantes que pretendem seguir em frente no Caminho. Não existe outro método satisfatório para seguir nessa jornada árdua, somente se submeter a um sensei qualificado e confiar na liderança dele.

O ímpeto criativo final que percebemos no desenvolvimento do sensei se deve às contribuições do confucionismo. Isso é uma simplificação grosseira. O confucionismo é uma filosofia e a base para um governo que foi adotado imediatamente no Japão porque, de muitas maneiras, ele se adapta aos conceitos nativos que envolvem a adoração dos ancestrais e a hierarquia social. Uma das maiores preocupações das organizações de *budo* modernas é sua burocracia. Os historiadores do *budo* normalmente enfocam a impressionante revitalização técnica oferecida pelos primeiros mestres modernos, como Kano, Ueshiba e Funakoshi. Mas, com frequência, eles cuidaram do fértil crescimento do moderno *budo* por meio dos modelos recém-adotados de organizações comerciais levados do Ocidente para o Japão. A composição interna de corporação que guiava grandes negócios no Japão durante a primeira parte do século XX teve também um efeito dramático sobre o *budo*. A estrutura feudal que predominou no ensino das artes marciais durante o período pré-moderno era, como percebemos, completamente piramidal. A autoridade emanava diretamente do topo, descendo, por uma série de licenças, a professores que estavam sob o "guarda-chuva" do controle do mestre. Isso funcionou para os *ryu* em geral, e, quando existia algum *dojo* individual ou grupos treinando sob a direção de um sensei, também funcionava da mesma maneira. (Podemos imaginar isso como uma construção piramidal composta de pequenas pirâmides. Minha lealdade é para o meu sensei, e em menor escala, ao sensei dele, e assim vai.)

O que funcionava tão bem dentro do *ryu* clássico, e na maioria das artes, deixou de ter sucesso no ambiente do início do Japão moderno. Os japoneses dos períodos Meiji e Taisho (1868-1926) rejeitaram vigorosamente muitas instituições feudais. Podemos pensar nos samurai caminhando nas ruas, com suas duas espadas na cintura, como uma imagem vigorosa e interessante. Para as gerações de japoneses que viveram sob as leis de ferro do *shogun* Tokugawa, o samurai era mais um odioso símbolo de opressão. (A cena emocionante em que um jovem samurai tem seu cabelo cortado à força por soldados no filme *O Último Samurai* precisou de um sério contexto social. Os soldados que cortaram o cabelo vieram das fileiras de plebeus que tinham todas as razões para se ressentirem de uma classe que detinha poder contra eles — literalmente, o poder de vida e de morte — e que, por centenas de anos, viveu das taxas e do trabalho duro das castas inferiores.) As "antigas escolas" de artes marciais, que atualmente são vistas de maneira romântica pelas pessoas que leram sobre elas, em muitos casos eram vestígios de um passado cruel e despótico. Além disso, o unionismo estava em alta no Japão naquele tempo, bem como o movimento sufragista e vários outros impulsos que buscavam a igualdade. O *budo* foi profundamente afetado por esse espírito. Professores como Funakoshi, Ueshiba e Kano conscientemente rejeitaram a estrutura piramidal que caracterizava os ensinamentos dos *ryu*. Deliberadamente, eles adotaram um modelo mais democrático e corporativo no modo de organizarem suas aulas. Principalmente em virtude de suas personalidades, eles permaneceram no topo de suas escolas — como figuras visíveis. Mas a responsabilidade sobre as aulas e o papel de representar o *budo* moderno do século XX, cada vez mais, passou às mãos de grupos de instrutores mais graduados dentro da arte. A autoridade de fazer promoções foi dada a estes homens que, frequentemente, sobretudo depois da Segunda Guerra Mundial, deixaram o Japão para dar aulas em outros países pelo mundo. Isso levou a sérias mudanças e a soluções conciliatórias em termos da ênfase, baseada no confucionismo, em um relacionamento de lealdade e dever aos mais antigos, que caracterizava os sistemas clássicos de combate no Japão.

Hoje, o sensei frequentemente vive dividido entre as noções feudais, clássicas, em contraste com os conceitos modernos sobre seu papel e sua posição social. Propositadamente ou não, ele pode adotar em certas circunstâncias uma pose ou uma atitude mais apropriada a um mestre-chefe de um *ryu* do século XVII, cujo exemplo inquestionável e cujas palavras são definitivos. O mesmo sensei, em outras situações, seria um modelo de liderança democrática, generoso ao permitir que os alunos mais antigos tomem decisões sobre o grupo, encorajando o voto de diretores dentro das organizações, etc. Ele pode até racionalizar sobre sua atitude contraditória de alguma maneira. Mesmo assim, isso inevitavelmente gerará problemas dentro do *dojo*. Em maior escala, organizações inteiras de *budo* com membros em todo o mundo se despedaçaram quando o sensei no topo não conseguiu reconciliar em si mesmo essas duas facetas. Ironicamente, as organizações que têm maior sucesso em adotar a estrutura de corporação democrática apresentaram os maiores problemas para seus professores. O sensei tenta ser tanto um líder com autoridade inquestionável quanto um membro da organização que funciona apenas com a aprovação de seus alunos. Os críticos do moderno *budo* lamentam o excesso de comercialização e outros aspectos espalhafatosos que os caracterizam frequentemente na atualidade. O papel mal compreendido do sensei nesses *budo* é uma preocupação bastante significativa.

Não seria apropriado ou realístico concluir uma discussão sobre o sensei em termos completamente pessimistas. Por centenas de anos, seu papel tem sido essencial para a transmissão das artes japonesas. É uma posição com o risco de ser mal utilizada, mas que também tem um potencial fértil. O relacionamento entre o estudante sério e um professor maduro e competente em qualquer arte é muito recompensador para ambos. E o *budo* oferece um ambiente de desafio para que os dois criem algo especial e para que preservem os ensinamentos e as técnicas que já existem há muito tempo. O sensei não ensina por obrigação, mas porque pode. Os alunos aprendem pela mesma razão. Eles estão na mesma estrada. O sensei está um pouco mais à frente — talvez muito mais — e retornou para ser um guia para seus alunos. Ao repetir o mesmo caminho, dessa vez não sendo mais um caminhante de primeira viagem, mas agora como a pessoa que irá direcionar outras, ele vê uma jornada diferente ou, ao menos, ele a vê com olhos diferentes. Tanto o aluno quanto o professor ganham muito nesse processo.

Mas é verdade que se a pessoa que diz ser o sensei é suscetível aos efeitos enfraquecedores e degenerativos do ego (e um ego muito pequeno e frágil pode certamente abalar uma pessoa grande e obstinada), a posição de ensinar outras pessoas apresenta muitas possibilidades para o abuso. Para as pessoas psicologicamente saudáveis e fortes, liderar outros no *budo* é um exercício diário de manter a lâmina de seu ser sempre afiada e polida. Sempre houve indivíduos no *budo* do Japão dispostos a assumir esse papel, sem se importar se muitas vezes ele é árduo e ingrato. Ao serem transformados ao ensinar outras pessoas, eles servem como inspiração às novas gerações. Talvez este seja um outro significado mais sutil da palavra sensei: a pessoa da geração predecessora, como querem dizer os ideogramas usados para escrever a palavra. O sensei também é uma fonte constante e animadora de criação para as gerações que se seguirão.

11

DINHEIRO

OKANE

Há pessoas — e indubitavelmente eu estou entre elas — que parecem falar e escrever sobre o *budo* como se os Caminhos marciais estivessem acima da realidade mundana e mesquinha do comércio — artes buscadas pela beleza estética e totalmente afastadas de quaisquer pensamentos impuros relacionados ao dinheiro. Essa é uma noção quase completamente ingênua. A manutenção de um *dojo*, mesmo em mãos privadas, não é possível sem que haja uma despesa. E algumas são até bem grandes. Como acontece com qualquer tipo de construção, é necessário consertar telhados, ocorrem problemas de encanamento, as paredes precisam ser pintadas e assim por diante. Se o espaço é alugado ou está sendo pago mediante empréstimo ou hipoteca, será necessário ter todos os meses os fundos para isso. No caso de espaços de treinamentos localizados em associações de bairro ou em instalações públicas, as despesas podem ser reduzidas. Mas é extremamente raro que você tenha acesso a um *dojo* que seja gratuito.

Além disso, é uma irresponsabilidade sugerir que a prática do *budo* será uma coisa barata. Quando eu comecei a praticar o *budo* no fim da década de 1960, os melhores uniformes para karate e para judo custavam menos do que custa hoje em dia uma faixa para o uniforme. Mas, mesmo então, havia um custo. Equipamentos para treino, viagens para práticas especiais, taxas para professores visitantes ou para seminários — tudo isso deve ser esperado como parte de seu *budo*. E em muitas ocasiões, uma parte ou a totalidade do que recebe o professor virá de suas aulas, portanto isso também gerará um gasto. Quanto ao vocabulário, as taxas mensais para treinamento são chamadas de *gessha*. O valor pago por seminários ou aulas de instrutores convidados é chamado, de forma polida, de *sharei* ou *o-rei*, e ambas as palavras significam "agradecimento", com a implicação de que seria uma recompensa sob a forma de remuneração.

Alguns ficarão desiludidos — até mesmo chocados — porque o sensei de artes marciais recebe pagamento por seus ensinamentos. Como indiquei no capítulo sobre ele, as pessoas às vezes têm uma imagem idealizada sobre o professor de *budo*. Talvez essas pessoas preferissem acreditar que ele é inteiramente motivado pelo amor à arte e por um sincero desejo de passá-la adiante. Então para que profanar tudo com o dinheiro? Em alguns *dojo*, o sensei participa dessa farsa. Os pagamentos são discretamente passados por baixo da porta ou de outra maneira indireta, e toda a questão do pagamento é apenas mencionada indiretamente, ou nem mesmo é mencionada. É claro, em outros *dojo*, o dinheiro parece ser o único objetivo do professor. E há pagamentos mensais, taxas de exames, taxas de seminários etc., e os preços são colocados na parede como um cardápio, como se as pessoas estivessem em uma lanchonete escolhendo seu almoço. Em um *dojo* sério, geralmente há um equilíbrio entre a mentalidade direcionada às finanças do mercantilista e a do guerreiro ascético que está além das preocupações mundanas do lucro. Mas o dinheiro é sempre um fator, e sempre foi assim. Durante a Era Feudal, existiram instrutores profissionais de artes marciais. Eles eram pagos como contratados independentes ou recebiam remuneração por suas aulas como parte do salário pago pelo lorde que os tinha contratado. Muito se imaginou sobre o suposto fato de que o samurai estava "acima" do dinheiro, e que seria até proibido de portá-lo ou de usá-lo. Em vários momentos da história do Japão, a classe de guerreiros foi proibida de participar do comércio. Mas é claro que ele recebia um salário, geralmente sob a forma de estipêndio. Mesmo assim, essa imagem do samurai e seu desdém pelo dinheiro é muito forte, até entre os japoneses modernos. E isso contribui sem dúvida para a ideia de que a busca sincera do caminho do *budo* implica desinteresse por dinheiro.

O dinheiro pode ser um problema ou um impedimento para o *dojo* quando se torna a preocupação *principal* — quando o dinheiro, e não o aprimoramento e o prosseguimento da arte, é a questão principal. Alguns professores encaram o *budo* ou outras artes de combate asiáticas como um negócio, e lidam com elas nesse ponto de vista. Decisões quanto ao tamanho das turmas, horários para as aulas, quem terá a permissão para treinar, quando essas questões estão ligadas ao lucro, outras mais importantes são colocadas de lado ou negligenciadas. Dar aulas, seja em um jardim de infância, em um estúdio de cerâmica ou em um *dojo* cheio de budoka, nunca é um trabalho comum. Mesmo que o pagamento seja bom, a motivação para dar aulas para outras pessoas, para compartilhar o conhecimento, deve emanar de um estímulo mais profundo. Você deve ser capaz de perceber imediatamente se isso está presente em um sensei de *budo*. É impossível esconder o entusiasmo de ensinar outras pessoas; é igualmente difícil disfarçar quando a real motivação é obter lucro.

12

O ALUNO
DESHI

O aluno, você, um estudante, em japonês, é chamado de *gakusei*. Essa é a palavra geralmente usada para indicar uma pessoa que está ligada a alguma instituição de ensino formal, do jardim de infância à pós-graduação. No caso das artes mais tradicionais, geralmente o estudante será chamado de *deshi*. A palavra é escrita com os ideogramas para "irmão mais novo" e "criança". A ideia é que o aluno é mais que apenas um corpo na sala de aula, mais que uma simples pessoa buscando aprender alguma habilidade ou uma arte. *Deshi* indica que a pessoa é parte de uma família, ou ao menos pretende ser isso. A palavra *deshi* é um tanto menos formal se comparada com a palavra *gakusei*, algo que também é mais apropriado dentro do contexto de um *budo* tradicional. *Shoshinsha* é outra palavra — uma pessoa que tem a mente de principiante — que pode descrever o novo aluno. O estudante sábio permanece sendo um *shoshinsha* durante todo o seu treinamento nos Caminhos marciais, sua mente deve estar sempre pronta para aprender mais, e ele sempre pronto para aceitar que ainda não sabe tudo, não importando quanta experiência e talento tenha.

A palavra de que mais gosto, especialmente quando se refere a um aluno novo ou um possível novo aluno, é *monjin*. Uma das belezas em particular de se saber escrever kanji, em símbolos que podem ser compreendidos e são mais que apenas sons, mas que são compostos originalmente de pensamentos ou de coisas, é poder decompor os ideogramas e refletir sobre sua etimologia. No caso de *monjin*, os dois kanji usados para escrevê-la significam "uma pessoa no portal". A imagem é evocativa e adequada. A pessoa que está parada na entrada do *dojo* pela primeira vez está diante de uma fronteira. Dependerá totalmente dela, não importa o que acontecer, o quanto além do portal ela irá. Olhando para ela, não temos como adivinhar. Os alunos mais ambiciosos e excitados na entrada, ou aqueles que parecem estar em melhores condições físicas, podem jamais ir além dos primeiros passos antes que o tédio ou as circunstâncias da vida ou a rápida descoberta de que isso não é para eles os impeça de dar o passo seguinte. Por outro lado, a pessoa que parece insegura, que diz que só veio dar uma olhadinha, poderá estar lá treinando, décadas depois, completamente imersa na arte. Mas todas elas, todas as pessoas que estão de pé no portal, terão uma razão para pausar, exatamente como eu e você fizemos, e pensar como foram parar lá.

Como você chegou a esse lugar? Talvez você o tenha encontrado por intermédio da sugestão ou da recomendação de um amigo, ou procurou em uma lista telefônica. Talvez o tenha encontrado em um *website*. Mas, exatamente o que o levou a esse ponto? Essa é uma questão fascinante: o que leva uma pessoa ao *budo*? A curiosidade é um fator importante. E existe a atração pelo que é exótico. A tentação do poder prometido, como mencionamos antes, é muito atraente para algumas pessoas. *Hosshin* é a palavra às vezes usada para descrever a motivação de uma pessoa que é atraída para o *budo* ou para alguma outra arte igualmente profunda. Essa palavra geralmente se refere a um despertar religioso ou a uma conversão espiritual. E também pode significar, como nesse contexto, o ato de virar uma nova página. O pretendente a budoka descobre que algo está faltando em sua vida. Pode ser que ele queira ser mais forte ou queira ser capaz de se defender em qualquer situação de violência. Ele pode ter visto mestres demonstrando grandes maravilhas ou ter uma atração romântica pelas artes tradicionais por ter visto um filme ou lido um livro sobre o assunto. E talvez, como acontece com tantas coisas na vida, ele pode estar no portal porque "pareceu ser uma boa ideia naquele momento".

Se prosseguir além desse portal, você descobrirá que o caminho adiante é inesperadamente íngreme e estreito pelo menos no início. É tão estreito e tão íngreme que, na verdade, não sobra muito espaço para muitas das convicções que você possui, e que pensou que precisaria carregar consigo. Isso pode ser uma descoberta assustadora. Pode ser tão aterrorizante para a maioria das pessoas que estão nos portais de um *dojo* tradicional que as impeça de seguir muito adiante. Elas estão tão sobrecarregadas com o que acreditam fervorosamente que não são capazes de prosseguir na jornada. Em alguns casos, esses itens são triviais se os olharmos objetivamente. Por exemplo, um jovem pode chegar ao *dojo* acreditando que ele vai se transformar em um samurai. Que ele vai aprender a arte que é ensinada lá de forma semelhante às cenas de artes marciais praticadas em filmes e novelas de época. Obviamente, suas brilhantes percepções de um tempo antigo não conferem com o que realmente existiu no Japão histórico e contrastam com o que realmente acontece em um *dojo*. Mas se conseguir abrir mão de seus preconceitos, ele poderá seguir adiante. Em outros casos, as coisas que o novato traz para além dos portais são de natureza mais complexa. Por exemplo, uma mulher abusada sexualmente pode acreditar que o *budo* lhe dará força ou que será um substituto para terapia. Há no mundo almas feridas, pessoas com personalidade frágil ou com um vazio em seus corações, e aqueles que inevitavelmente ouviram ou leram sobre o valor espiritual do *budo* acabarão chegando ao portal. A dura verdade é que apesar de o *budo* sério ter aspectos espirituais importantes e profundos, ele não é uma forma de aconselhamento ou de religião. O *budo* não pode consertar almas, fortalecer personalidades ou preencher corações. Alguns professores desonestos e mal treinados sugerem isso, o que é cruel e induz a erro. O pretendente a aluno que tenta atravessar o portal porque espera encontrar do outro lado um terapeuta ou um grupo de apoio ou um lugar de culto ficará desapontado. Por fim, ele falhará, porque o que procura não está lá.

Se ele for saudável — mental, moral e fisicamente — e estiver desejando se aproximar do caminho a sua frente pelo que é e não pelo que deseja que seja, o aluno (a maioria deles) terá pouca dificuldade de atravessar o portal e entrar no *dojo*. Pode haver a percepção de que o que acontece em um *dojo* tradicional é algo severo, algo equivalente a um treino de forças especiais e que só os fortes conseguirão sobreviver. Essa noção é reforçada pela menção do *shugyo*, uma palavra frequentemente usada ao se descrever o treinamento do *budo*, e que significa "treinamento austero". E a palavra tem uma aura de "elite" e de "exigente". Quando o estudante a escuta pela primeira vez, pode imaginar sacrifícios, como mortificação da carne e rituais misteriosos de autos de fé, relativos ao desejo de se submeter a todos os tipos de testes rigorosos do corpo e do espírito. Na verdade, as histórias de *dojo* são repletas de desafios, como o de enfrentar uma centena de oponentes em competições que duram horas e horas, ou de lutar para escapar de labirintos cheios de armadilhas perigosas ou de oponentes escondidos que saltarão sobre o lutador. (E, frequentemente, será dito ao aluno crédulo que isso já fez parte do treinamento, mas que essas práticas foram abandonadas atualmente porque ninguém que treina a arte teria condições de suportá-las. Não importa quando você inicia seu treinamento nos caminhos marciais, vão lhe dizer que era muito mais difícil nos "velhos tempos", período esse que pode ser definido de maneira mais acurada por cerca de dois anos antes de você ter aparecido.)

No longo período da história do Japão em que o samurai era um componente importante da civilização, a classe de homens lutadores profissionais era ocasionalmente submetida a tais métodos duros de treinamento. Existem as mais diversas histórias sobre suas aventuras. Eles podiam escolher viver nas florestas como eremitas, praticando incessantemente e convivendo com os *tengu*, as bestas míticas das montanhas do Japão que, às vezes, ficavam interessadas em algum ser humano sortudo (ou ao menos sentiam pena dele) e lhe ensinavam os segredos de suas habilidades mágicas de combate. Ainda há *dojo* em que feitos assim fazem parte do currículo, em que os membros são testados em situações extremas que desafiam sua força e seu controle. Pode-se dizer que isso é um tipo de *shugyo*. Mas, de forma mais realística, o *shugyo* é uma questão de fazer mudanças — às vezes grandes — em sua vida ou em sua rotina diária para que você possa seguir um *budo*. Se você leva seu treino a sério, não há necessidade de procurar desafios extraordinários nem de se submeter a tarefas atemorizantes. Todos os dias a vida tem seus próprios *shugyo*, como você descobrirá rapidamente.

A partir do momento que entra em um *dojo* como aluno, você participa de uma hierarquia. As pessoas que chegaram antes de você, ainda que seja apenas um único dia antes, são seus *sempai*. Dois kanji são usados para escrever essa palavra; o primeiro se refere a algo que veio antes. É o mesmo que o *sen* de sensei. O segundo, *pai* ou *hai*, significa "camarada". Qualquer pessoa que entre para o *dojo* depois de você começar a sua prática é seu *kohai*. O segundo kanji de *kohai* é o mesmo que o de *sempai*; o primeiro significa "que veio depois". Mas se acontecer o fato raro de você começar a treinar no mesmo dia que outra pessoa, vocês serão *dohai* um do outro (o *do* da palavra significa "o mesmo" ou "igual"). Mas na maior parte todos no *dojo* serão mais novos ou mais antigos que você.

As convenções para *sempai/kohai* são frequentemente explicadas em termos de colegas de turma superiores ou inferiores em uma escola ou em um ambiente de trabalho. Em alguns aspectos, é simplesmente isso. Em outros, o conceito de *sempai/kohai* é muito mais complexo e desafia qualquer tipo de explicação simplista. Mas um argumento muito bom é que a noção de *sempai/kohai* realmente não tem uma forma coerente de ser implementada fora do contexto da sociedade japonesa tradicional. Na maioria dos *dojo* em que esse relacionamento é compreendido, ele é, ironicamente, ignorado com frequência. Uma pessoa pode dizer "Bob é meu *sempai*", mas não vai até ele dizendo "*Sempai*, pode me ajudar?", como se o título fosse uma forma de vocativo. *Sempai/kohai* possui suas raízes nas concepções do confucionismo de integração social que guiou a maior parte da vida japonesa por séculos. Atualmente é mais considerado uma convenção do mundo escolar ou universitário, pois há diversas pessoas a sua frente e depois de você ao se matricular. Em algumas universidades do Japão, esse relacionamento é mais formal, especialmente nas escolas de maior prestígio. Em outras, não tem mais importância que o uso dos termos "calouro" e "veterano" em uma escola ocidental. A área de negócios também tem a tradição de *sempai/kohai*. Nesses casos, a posição da pessoa é estabelecida dentro da escola ou da empresa. Além disso, o *sempai* deve desenvolver um relacionamento de mentor com o *kohai*. Isso não é um contrato formal. Por qualquer razão, ambos podem seguir em frente até que o mais novo tome conta do mais velho, aconselhando-o e dando-lhe ajuda.

Tanto no Japão como fora do país, o relacionamento entre *sempai/kohai* pode se mostrar negativo. Às vezes, ele emerge como algo como uma fraternidade em que os membros ativos tornam miserável a vida dos aspirantes, com trotes, dando-lhes ordens, usando sua antiguidade como desculpa para atitudes muitas vezes brutais. Em alguns clubes de karate de universidades, famosos por seu machismo no Japão, novos membros foram literalmente surrados até a morte por alunos mais antigos, que ostensivamente alegavam fazer isso para que os novos "endurecessem". Isso é uma completa perversão dos valores clássicos do guerreiro que evoluíram no Japão. A união do grupo era absolutamente importante para o grupo de samurai que dependiam uns dos outros para a sobrevivência de todos. Causar trauma a um membro do grupo por meio de atos sádicos seria contraproducente para o sucesso militar do clã. Mas, provavelmente, o abuso nos sistemas de *sempai/kohai* no Japão, particularmente no meio acadêmico, é um reflexo de alguns dos aspectos mais sombrios da sociedade japonesa. Nessa sociedade, há um grande medo de qualquer pessoa que seja "diferente", e a diferença pode ser medida de diversas formas, incluindo o fato de alguém ser um recém-chegado. Além disso, o senso de união e companheirismo tão importante no Japão é frequentemente reforçado de maneira bizarra pela exclusão agressiva do outro. Nos Estados Unidos, esse tipo de brutalidade é mais comumente expressado se o professor teve alguma experiência militar (ou, mais provavelmente, viu filmes de treinamento militar nos quais, às vezes, os sargentos são mostrados exigindo tarefas exageradas dos recrutas sob o argumento de deixá-los "durões" perante as dificuldades). Então ele acredita que o relacionamento correto entre um veterano e um novato deve ser o mesmo que há entre o rígido instrutor e o recruta "capacho". Como os norte-americanos tiveram possivelmente seus primeiros contatos com os Caminhos marciais do Japão por meio de pessoas que aprenderam essas artes servindo as Forças Armadas dos Estados Unidos no Japão, o *budo* adquiriu em alguns sentidos uma forte característica de campo de recrutas, como já mencionamos. Essas atitudes foram reforçadas em alguns casos por instrutores japoneses que cresceram quando o Japão estava no auge do expansionismo militar, durante a década de 1930. Em ambos os casos, a equação é compreensível. Afinal, são artes *marciais*, não são? Sim, são. Entretanto, é absolutamente importante, ao se estudar e participar de um *budo*, notar que o modo de ser marcial do samurai japonês tradicional era muito diferente do modo dos modernos militares. Os samurai, com notáveis exceções, eram uma casta hereditária. Eles não se alistavam e, em virtude da estrutura de seu mundo, não precisavam atravessar um processo de doutrinação militar, o que é um padrão, e é necessário nas forças armadas atuais. Durante os longos períodos de guerra no Japão pré-moderno, ninguém precisava dizer a um jovem como segurar uma espada, como um novo recruta do exército tem de ser ensinado a segurar seu rifle. O samurai fez isso por quase toda a sua vida. Suas habilidades necessitavam de refinamento. Mas ele sabia como agir e como seguir ordens, isso era parte de sua cultura. Seria útil ao budoka aprender mais sobre o mundo dos samurai, e sobre como era diferente do mundo do militar atual. E é muito importante saber que usar o sistema *sempai/kohai* como um tipo de "treinamento básico" é usar a instituição de forma grotesca, e por razões que são, no mínimo, questionáveis.

Como eu disse anteriormente, algumas pessoas insistem que o conceito em si de *sempai/kohai* só pode funcionar dentro do enquadramento da sociedade japonesa e que ele deve ser dispensado fora desse contexto, especialmente no *dojo*. Vou dar um exemplo que também ilustra outro possível mau uso do sistema. Se alguém é seu *sempai*, ele será seu *sempai* pelo resto de sua vida. O que quer que aconteça no caminho, jamais será alterado esse relacionamento. O *sempai* poderia parar seu treinamento um mês depois de você ter começado e se afastar do *dojo* por uma década. Se ele aparecesse novamente e você ainda estivesse treinando, e tivesse treinado por todo esse tempo, certamente você seria tecnicamente superior a ele. Mas isso não faz diferença. Ele ainda seria seu *sempai*, e você continuaria a ter de respeitá-lo assim. Isso cria problemas nos *dojo* no Japão e em todos os lugares, como você pode imaginar. Locais de treino são, às vezes, perturbados por *sempai* que não treinaram nenhuma vez em anos mas que aparecem um dia e recomeçam seus treinamentos assumindo a atitude de um sábio e experiente veterano em relação aos que são "mais novos" que ele. Essa conduta é tanto ridícula quanto é perigosa. Ninguém pode manter suas habilidades sem instruções constantes e treinamento regular. Ser um *sempai* não dá poderes especiais a ninguém. Ele será desajeitado e lento, e terá esquecido o que aprendeu. Ele estará enferrujado. Imagina-se que o professor terá melhorado por todo esse tempo, e então, se ele é bom, seus alunos também serão melhores. O "*sempai*" pródigo que aparece e faz correções e sugestões no local de treino pode estar se lembrando de lições que já foram muito melhoradas e refinadas durante sua ausência. E o novato acaba rangendo os dentes e resmungando para si mesmo "Não é assim que o sensei está mostrando agora!", mas tolerando algo que, na verdade, está atrapalhando seu treinamento. Não são todos os *sempai* que estiveram afastados dos treinos por um longo período que vão adotar essa atitude. Mas você pode perceber que as convenções de *sempai/kohai* podem ser um entrave no *dojo*.

Em geral, dentro do *dojo* espera-se que os *sempai* apoiem os que estão abaixo deles. Eles podem empurrar e estimular e provocar seus *kohai* para que eles tenham sucesso e melhorem. Treinar em um *dojo* não é fácil e os mais novos devem esperar alguma dificuldade e muito suor. E devem também observar os que estão a sua frente puxando-os e observar que o mesmo acontece com eles. Se o comportamento dentro do *dojo* entre os mais novos e os mais antigos descamba para a brutalidade, reconsidere seriamente se vale a pena continuar nesse lugar. Se continuar seu treinamento, você também desenvolverá um relacionamento pessoal com seu colega mais antigo, o que é outra faceta da relação *sempai/kohai*. Se você treina com seriedade, mais cedo ou mais tarde será percebido por um *sempai* que passará a cuidar de você, dando-lhe explicações e conselhos, e que se interessará pessoalmente por seu treinamento. Talvez esse seja um aspecto do sistema *sempai/kohai* que deva ser preservado no *dojo* e que pode transcender as diferenças culturais.

Além dos papéis de *sempai/kohai*, outros aspectos são assumidos pelas pessoas que estão "atacando" e "defendendo". Novamente, há uma falha na nomenclatura. Eu e você estamos praticando uma técnica que o nosso professor acabou de demonstrar, por exemplo, uma chave de braço. Eu me aproximo e dou um golpe em direção à sua cabeça. Você segura meu braço para impedir isso. Então faço os movimentos da chave de braço contra você. Por um lado, estou "defendendo", pois sou eu quem está praticando a técnica, e você está "atacando". Mas eu precipitei sua resposta com o meu primeiro golpe. Então quem está em que papel? Existe uma expressão útil no *budo*: *kobo ichi*. "O ataque e a defesa são uma coisa só." Ao observar uma sessão de treinamento, especialmente entre alunos mais adiantados, é difícil descobrir o que é o quê. De qualquer modo, para distinguir os papéis dentro do possível, você ouvirá palavras como *uke* e *nage* ou *ukete* e *semete*. *Uke* vem do verbo *ukeru*, receber. Nas artes que envolvem arremessos e imobilizações, o *uke* será a pessoa que é arremessada ou imobilizada. *Nage* vem do verbo *nageru*, arremessar. O *nage* é quem efetua a ação. O *uke* é quem recebe a técnica. No karate, a pessoa que faz o ataque inicial é o *semete*, que vem do verbo *semeru*. Ele é a "mão que ataca". *Ukete* significa "a mão que recebe", a pessoa que consegue receber o ataque e fazer o contra-ataque de maneira bem-sucedida. Nos círculos de kendo e em outras artes, a pessoa que faz o ataque conclusivo é o *shidachi*; a pessoa que recebe o ataque — geralmente é quem dá o golpe inicial para começar a técnica — é o *uchidachi*. *Shidachi* pode ser grosseiramente traduzido como "o cavalheiro com a espada", e *uchidachi* significa "a espada que ataca". Um oponente é chamado em geral de *aite*. O *ai* significa "mútuo" e *te* é como no karate, literalmente significando "mão", mas, de forma figurada, "uma pessoa". Às vezes, o oponente será chamado de *teki*, ou "inimigo". Mas essa palavra só tem lugar no *dojo* em termos figurados.

Como aluno, você também encontrará diversos tipos de *keiko* (ou *-geiko* quando a palavra é usada como sufixo), o que quer dizer "diversos tipos de treinamento". Aqueles que acabaram de ser apresentados aos caminhos do *dojo* esperam que o professor fique na frente da turma, explicando e demonstrando uma técnica, e depois a turma irá praticá-la. Na verdade, essa é uma pequena parte do treinamento. Com certeza o professor é uma autoridade e deve ser a única pessoa responsável pelas instruções. Mas o aprendizado acontece com a interação entre as pessoas no *dojo*, tendo os mais antigos e os mais novos como iguais. A terminologia para esses três tipos de treinamento é emprestada do kendo. Mas elas têm uma aplicação direta em todo o *budo* e precisam estar equilibradas para que haja progresso. Note que, apesar de eu estar usando as palavras "mais antigo" e "mais novo" ao discutir esses três tipos de treinamento, não estou me referindo especificamente a *sempai* e *kohai*, mas às pessoas que são mais habilidosas ou mais avançadas tecnicamente e às que, comparativamente, o são menos.

Treinar com um membro mais experiente ou mais antigo do *dojo* é *hikitate-geiko*. *Hikitate* significa "puxar". O papel do aluno mais antigo no treinamento ao interagir com um mais novo é muito importante. Acabamos de discutir as formas sob as quais isso se manifesta no contexto de *sempai* e *kohai*. As habilidades e a técnica do aluno mais antigo são superiores. Ele sabe mais sobre a arte e sabe como aplicá-la; na maioria dos casos, ele poderia dominar o aluno mais novo se ocorresse uma briga ou uma competição real. Se ele fizer isso durante a prática, o aluno mais novo ficará frustrado, tímido, e perderá a confiança que podia ter. O dever do aluno mais antigo é fazer que isso não aconteça. Ele deve "puxar" o aluno mais novo. Em alguns casos, isso significa deixar que o aluno mais novo acerte o golpe ou faça o arremesso, deixar que ele "vença" na técnica. O aluno mais antigo sabe como evitar ou contra-atacar a técnica que está sendo demonstrada, mas não o faz, para que o novato sinta o momento e tenha a oportunidade de fazê-lo. Mas ele não pode ser transigente demais. Assim que o aluno mais novo tenha noção do que está fazendo e seja capaz de fazer a técnica funcionar, o aluno mais adiantado deve acelerar o ritmo, aumentando um pouco o nível de dificuldade da prática. (Se o mais novo ficar arrogante com seu "sucesso", o mais antigo deverá assumir o controle imediatamente. O mais novo deverá compreender o que aconteceu, que ele tirou vantagem da boa vontade do mais antigo ao ensiná-lo e deve mudar de atitude imediatamente.) A interação entre alunos mais antigos e mais novos no *dojo* é constante e dinâmica. Em segundos, ao começarem uma prática, o mais antigo deve perceber o nível de habilidade do parceiro mais novo e se adaptar a isso. Se ele for severo demais e impedir que o novato tenha sucesso, a interação se desfará. Se ele for muito brando, por outro lado, o aluno mais novo não terá uma percepção real do que está fazendo.

Quando você está no papel do aluno mais habilidoso, lembre-se de como era quando estava do outro lado. Tratar seu parceiro com condescendência de modo que ele pense que você está brincando com ele ou que está ansioso para terminar logo para poder praticar com outros mais experientes é um sinal claro de que você é veterano só no nome. É difícil treinar com integridade e sinceridade contra um oponente que você sabe que pode derrotar com facilidade. E isso é mais certo ainda com crianças. Trate os mais novos com respeito, com o sentimento de que eles são importantes e que o treinamento deles é importante. Lembre-se também de que haverá um momento, não importa o quanto você seja bom, em que o novato irá surpreendê-lo. Aqueles que não têm muita prática não possuem as respostas preestabelecidas que você espera. E eles reagirão de alguma maneira, talvez nem seja uma boa técnica, pegando você desprevenido. E quando isso acontecer, você, como mais antigo, terá mais uma oportunidade para demonstrar seu valor. Você pode receber o golpe ou o arremesso ou o que quer que seja, ou pode fingir que "não é de verdade". Você pode criticá-los pelas falhas que tenha observado ou que queira ver, para poder manter a posição que acha que tem no *dojo*. Por um tempo, poderá adotar essa atitude, e os mais novos poderão acreditar em você. Mas o *budo* tem uma maneira de revelar a verdade sobre muitas coisas, e a verdade sobre nós mesmos não é a menor delas. Muito rapidamente o aluno mais novo verá por meio de sua postura e perceberá que a sua autoimagem e sua posição no *dojo* são mais importantes para você que o aprendizado dele.

Kakari-geiko, ou "prática de ataque", é a forma de kendo para treinar com alguém mais antigo que você. Mas, novamente, ela se aplica a qualquer modalidade de *budo*. Apesar de ser responsabilidade do veterano indicar o ritmo e a intensidade da prática, o aluno mais novo tem responsabilidades ao treinar com um mais antigo. Ele nunca deve tirar vantagem indevida do fato de ter a oportunidade de fazer a técnica funcionar. *Kakari-geiko* é o momento de experimentar as lições recém-aprendidas. Não é uma oportunidade para querer aparecer nem para tentar impressionar o aluno mais antigo. Ele está dando a você uma chance de aperfeiçoar sua arte. Aproveite-a. Pode ser intimidante praticar com alguém que você sabe que lhe é superior, fazendo o melhor possível contra uma pessoa que conhece tudo o que você conhece e que aprendeu as mesmas coisas e teve mais tempo que você para aprimorá-las. Você também deve confrontar suas próprias dúvidas. "Eu consegui fazer isso funcionar contra ele, mas ele não estava realmente tentando me impedir porque está apenas me deixando praticar" é um pensamento muito comum de um aluno novato, e ele também acha que, se tivesse sido "pra valer", o resultado teria sido muito diferente. Por outro lado, alunos mais novos que conseguiram fazer uma técnica contra um mais antigo no *dojo* podem "perder a cabeça", como comentei anteriormente. "Ele não é tão bom assim!" Além disso, o aluno mais novo que treina com os colegas mais antigos pode ter a sensação de que todos o observam, e que o sensei o estará observando, então ele deve "atuar". Ele pode pensar: "Se o sensei me ver fazendo isso corretamente contra um aluno mais antigo, provavelmente ele me dará mais atenção, ou me dará uma graduação mais rapidamente, ou me levará mais a sério como seu aluno".

Em resumo, um aluno mais novo que treina com um mais antigo está tentado a pensar demais. Sua percepção a respeito de suas habilidades é repleta de dúvidas ou ele sobrevaloriza as habilidades dos outros. Esse tipo de impressão emperrará o fluxo livre da técnica. Em vez disso, ao trabalhar com um oponente mais habilidoso no *dojo*, ele deve se perguntar o seguinte: "O que esse tipo de treinamento pode me ensinar?". O novato deve se libertar do ego, de suas preocupações quanto fazer bem a técnica ou de seu orgulho por tê-la feito, e simplesmente aprender. Esteja aberto para o que o aluno mais antigo tenta lhe mostrar, tanto em relação às instruções explícitas quanto às lições mais sutis e implícitas que ele lhe dá.

Treinar com alguém do mesmo nível, ou *gokaku-geiko*, tem seus próprios desafios. É normal no *dojo*, assim como em outros lugares em que as pessoas se reúnem por um propósito, que se estabeleça um tipo de ordem. Ao treinar com alguém que é do seu nível, mais ou menos, há a tentação de se buscar ser um pouquinho superior para melhorar sua colocação (como você a percebe) no *dojo*. Se o *dojo* não é um lugar de mentes maduras e saudáveis, você terá sucesso ao fazer isso. Talento natural ou força física ou pura determinação podem levá-lo a um nível que os que começaram o treino ao mesmo tempo que você não serão capazes de acompanhá-lo tecnicamente. Isso pode impressionar um professor que não tenha muita noção de seu papel e que ficará feliz por ter um aluno que se destaca. Mas um bom professor, em um bom *dojo*, compreenderá que a habilidade no *budo* tende a não avançar em um ritmo constante. Mais cedo ou mais tarde, tendo em vista a natureza do *budo*, todos vão passar por períodos em que não parecem capazes de melhorar. Colegas de treino que você conseguia derrotar com facilidade meses atrás agora não têm dificuldades em reagir a você, o que pode lhe causar frustração. O que aconteceu? O que acontece é que alguns deles estavam em um período de seus treinamentos como você esteve meses atrás, fazendo progresso rápido, enquanto os outros da turma estavam em período de parada. Agora é a sua vez. E agora o professor habilidoso vai começar a prestar atenção em você. Ele não se impressionou com suas habilidades quando você subitamente passou a frente de seus colegas de turma, ele já viu isso acontecendo outras vezes. O que ele quer ver é como você vai agir quando seu treinamento chegar a um desses períodos longos em que qualquer melhora parece estar muito distante e que você parece não conseguir dar um passo à frente, não importa o que faça.

O *gokaku-geiko*, portanto, deve lhe dar a perspectiva. *Gokaku* significa "igual" ou "igualado". Mas ainda que você comece o treino no mesmo dia que seu colega, e ainda que ambos tenham treinado e ido às aulas com a mesma frequência e intensidade, raramente vocês serão totalmente "iguais". Tendo isso em mente, use o *gokaku-geiko* como uma oportunidade para treinar as técnicas e as estratégias que são difíceis para você. Ao treinar com um aluno mais novo, você deve ter cuidado para não ir além da capacidade dele nem intimidá-lo e desencorajá-lo. Ao defrontar-se com um aluno mais antigo, sua primeira prioridade deve ser aprender com ele. Ao treinar com um aluno do mesmo nível, você pode esquecer ambas as responsabilidades e simplesmente tentar colocar em prática tudo o que você sabe. Se há uma técnica que você não consegue fazer funcionar bem, e outra que você consegue, tente a que não consegue. Contra um oponente com mais ou menos as mesmas habilidades e a mesma experiência, você tem a chance de ver o que está fazendo errado de uma maneira mais real. Você pode trabalhar o que precisa ser trabalhado. Ao treinar com alguém do mesmo nível, use essa oportunidade para tentar algo diferente. Mas não veja o *gokaku-geiko* como *shiai*, ou competição. Se o parceiro é melhor que você no treino de hoje, e consegue fazer as técnicas que são mostradas melhor que você, na próxima semana pode ser que você se saia melhor. E se não for na semana que vem, será no próximo ano. O *budo* é cheio de aforismos sobre a natureza inconsequente de ganhar ou perder. *Gokaku-geiko* é onde você realmente experimenta isso. É um momento do seu treinamento em que você pode estar livre para usar tudo o que sabe e explorar o limite de sua capacidade.

Além desses três tipos básicos de interações para treinamento dentro do *dojo*, existem outros termos que se relacionam à prática regular e que você poderá ouvir. *Jiyu-renshu* é um deles, e significa "prática livre". Ele é um período em que a pessoa pode se mover livremente treinando com vários membros de maneira informal, sem que esteja sendo ensinada uma lição específica. Outro termo semelhante é *godo-geiko*. *Godo* em japonês significa "junto", "unido" ou "combinado". *Godo-geiko* geralmente se refere a uma sessão de prática em que dois ou mais *dojo* relacionados entre si se unem para uma prática informal. Há pouca ou nenhuma instrução ou aula em um *godo-geiko*. Em lugar disso, esse é um tempo para trocar experiências com outras pessoas que não são parceiros regulares de treino.

Você pode ouvir falar de *shido-geiko*, o que significa "treinar ao longo da aula". Quando você já está no *dojo* há algum tempo, o professor pode lhe dar a responsabilidade de ensinar algo novo ou supervisionar a aula dos mais novos. Você ficará chocado quando isso acontecer. Tudo o que você pensava que sabia e conhecia muito bem, quando tentar traduzir para os alunos, subitamente vai parecer estranho e complexo como você nunca imaginou. Eles farão perguntas que você nunca imaginou fazer e apresentarão problemas que você nunca encontrou e que serão difíceis de esclarecer. É gratificante que seu professor o considere competente o bastante para lhe conferir a responsabilidade de dar aulas, mesmo de uma maneira limitada. Mas em pouco tempo essa se tornará uma experiência que o fará se sentir muito, muito humilde. Espere pelo *shido-geiko*, não pela chance de mostrar aos outros o que você sabe, mas pela oportunidade que se apresenta para ver o quanto tem para aprender.

Jishu-geiko e *tandoku renshu* são os termos usados para "prática solitária". (*Sotai renshu* se refere a qualquer tipo de prática em dupla.) Isso não se refere a nenhum método específico; eles apenas indicam um período da atividade do *dojo*. Se o professor diz que é hora de *tandoku renshu*, quer dizer que você deve treinar algum exercício solo ensinado no *dojo*. Outro tipo de *keiko* é o *me-geiko* ou *mitori-geiko* — treinamento por observação. Se você se machucou ou está doente ou se estava treinando e ficou cansado e precisa de um momento de descanso, vai se sentar afastado. Se for uma doença ou ferimento que o impede completamente de participar, poderá estar bem o suficiente para ir ao *dojo* mas não para treinar "fisicamente". Esses momentos podem ser frustrantes. Você queria muito estar no tatami, mas o bom-senso ou as ordens do médico ou uma combinação de ambos não o permitem. Quando isso acontecer, use bem esse tempo. Observe. Você verá muitas coisas de uma perspectiva completamente diferente quando estiver afastado. Verá os outros cometendo os erros que você comete. Verá — preste atenção nisso — o professor corrigindo pacientemente um aluno, apenas para que esse aluno cometa exatamente o mesmo erro minutos depois. O *budo* é uma arte muito complicada. Há muita coisa para ser absorvida de uma só vez. Corrija a posição dos pés, e as mãos estarão no lugar errado. Corrija a posição do braço, e os pés estarão de volta à posição errada. No treinamento das artes marciais clássicas, há um axioma que diz que dar mais de duas instruções ou correções em uma única sessão de treinamento é um desperdício, porque o aluno não pode compreender nem absorver de maneira útil mais do que isso de cada vez. Você verá até os alunos mais avançados cometendo erros. É claro, também verá pessoas praticando melhor que você, e verá, em muitos casos, se observar bem, como eles fazem isso. É óbvio que o aprendizado por observação não é uma maneira satisfatória de treinar de modo consistente. O *budo* exige participação. Mas, de tempos em tempos, vale a pena dar uma olhada de fora no que acontece dentro do *dojo*, e sempre há uma perspectiva diferente e, às vezes, mais valiosa do que a que temos quando estamos realmente treinando.

Apesar de não ser tipicamente visto da mesma forma, *shinsa*, o exame de graduação no *budo*, é também um tipo de prática. Muito se falou sobre o sistema de graduação, que usualmente é feito pelo uso de faixas de cores diferentes (o que foi detalhadamente discutido no capítulo sobre *keikogi*), chamado de método *dan-i* de graduação.

Para algumas pessoas, é uma época estressante, particularmente se o *dojo* torna esse evento formal em que os que serão graduados devem se apresentar diante do professor e de uma comissão de graduados. Sentir ansiedade ao pensar em se apresentar na frente de outras pessoas é natural. Mas você deve ver isso pelo que realmente é. O exame é uma forma de avaliação. Você não é a primeira pessoa a ser avaliada. Não importa quanto você é bom ou ruim, não é provável que mostre ao professor qualquer coisa que ele já não tenha visto antes. Se você passar no teste, isso é bom. Se não passar, isso não é tão mau. Lembre-se, você está nisso até o fim. Haverá outras graduações. Você passará em alguns testes e possivelmente falhará em outros. Se não estiver envolvido com o *budo* "até o fim" — se está no *dojo* só porque quer uma faixa preta ou algum outro objetivo facilmente atingível —, não ficará por muito tempo. E assim, pensando no curso de muitos e muitos anos, a falha ou o sucesso em um simples exame deixa de ser uma coisa importante.

Como um aluno, um *monjin*, uma pessoa no portal, essa ideia de que haverá uma graduação ou um objetivo a ser alcançado pode ser uma importante lição para você aprender. Ela é difícil de ser realmente absorvida. Alguns nunca serão capazes de fazê-lo. A noção de que você continuará a fazer uma coisa, e continuar, e continuar, semana após semana, ano após ano, é algo muito estranho, muito incomum, e de uma perspectiva moderna, muito sem sentido. Se você está para entrar em um *dojo*, ou se já é membro de um há algum tempo, olhe em sua volta. Haverá várias pessoas lá. Gostará de algumas e gostará muito de outras. Mas pode ser que nem todas elas estejam lá no ano que vem. Algumas vão fazer outras coisas. Outras desistirão por diversas razões. Costumamos dizer que estamos engajados em percorrer um Caminho. Pense nisso como uma longa subida às montanhas. Alguns de seus companheiros não terão a força ou a capacidade para viver nas grandes altitudes, o que se requer em uma escalada. Outros ficarão satisfeitos ao atingir certa altitude. Eles terão chegado a uma altura suficiente e não desejarão subir mais que isso. Despeça-se deles, se você deseja subir ainda mais. Isso é uma coisa muito difícil e pode fazer que você questione sua própria jornada. Será que eles é que são espertos por desistirem e irem fazer outra coisa?

Falamos antes sobre *hosshin*, o sentimento que nos faz atravessar o portal. As pessoas em geral têm histórias interessantes sobre a razão de terem começado no *budo*. Mas, se em vez de perguntar por que elas começaram, você perguntar por que razão continuaram, muitas terão dificuldade para responder. Por que eles continuaram enquanto outros desistiram? O que os faz continuar a ir ao *dojo*? Não há uma resposta simples para essa pergunta. Pode ser porque, no fundo, o *budo* nos leva a um diálogo interno. Isso gera desafios, cria necessidades, exige sacrifícios que, apesar de não os discutirmos, estão frequentemente em nossa mente, de maneira consciente ou inconsciente, enquanto progredimos. Na verdade, essas questões podem não ter respostas. Chegará o momento em que, sejam elas respondidas de maneira satisfatória ou não, elas deixam de nos preocupar. Seguimos nossos caminhos porque eles são, nas palavras japonesas, *boku michi* — "nosso caminho". Não conseguimos pensar em *não* seguir para onde ele nos leva. Nesse ponto, alguns podem acreditar que são "mestres" do *budo*. Nós não somos. O que fizemos foi atravessar o portal e nos tornarmos alunos.

13

O ANO NO DOJO

Se você mora a uma distância que lhe permite caminhar até o *dojo*, pode se considerar abençoado. É claro que isso é conveniente, ter acesso assim tão fácil a um lugar em que você passa tanto tempo. Mas é tão importante, talvez até mais, que quando você caminha até o *dojo* para sua prática, e depois, ao caminhar de volta para casa, tenha alguns momentos para se livrar do estresse. Leva um determinado tempo para você ir das exigências do seu trabalho ou de seus estudos ou qualquer outro compromisso até seu local de treino. Após o fim do treinamento, a caminhada de volta para casa serve como uma oportunidade para estar novamente em contato com as coisas de fora do *dojo*. Mesmo que faça o caminho de carro ou de ônibus, esse espaço intermediário de seu dia é valioso. Durante esse percurso, você pode pensar, por exemplo, mesmo que por um instante, nas estações que estão constantemente mudando a nossa volta.

O Japão, como os Estados Unidos, felizmente se localiza em uma área em que as estações são sentidas e facilmente notadas. O calendário antigo e original do Japão era dividido em 24 períodos de cerca de duas semanas cada um, com um nome específico, que refletia as nuances das mudanças de uma estação para outra. O *shosho*, ou "calor suportável", era o período do fim de agosto, seguido pelo *hakuro*, ou "orvalho branco", que marcava o início do outono. Essa sensibilidade à passagem do tempo e às mudanças marcadas pela evolução natural do ano é uma das características da literatura japonesa, como o *haiku*, e de diversos aspectos de suas artes tradicionais. Pode parecer estranho que aconteça o mesmo com o *budo*. Eu estaria exagerando se dissesse que a técnica de uma pessoa melhorará notavelmente se ela prestar bastante atenção nas estações fora do *dojo*. Não tenho como provar estatisticamente que caminhar indo e voltando do *dojo* regularmente tem um efeito benéfico mensurável em sua compreensão sobre o que faz quando está no *dojo*. Mesmo assim, existem fatores no amadurecimento do budoka que não são facilmente percebidos. Ainda que a ideia não o tenha persuadido, guarde-a e pense nela novamente daqui alguns anos. No momento, você precisará ter conhecimento das estações, ou pelo menos do calendário, porque há eventos durante o ano no *dojo* que devem ser comemorados, ou ao menos reconhecidos. Se faz parte do lugar, como membro você deverá participar da maioria, se não de todos eles.

Começamos pelo fim, de certa maneira, pelas últimas semanas de dezembro, quando se iniciam as preparações para o novo ano que chega...

Onde, apenas semanas antes, os alunos do *dojo* estavam suando nos últimos dias do verão, agora o gelo embranqueceu os caminhos, e o chão da sala de treinamento, especialmente nas manhãs, é realmente congelante. Uniformes mais grossos de material bem mais pesado são bem-vindos agora. Não há tanta conversa enquanto os alunos se vestem. Eles estão ansiosos para sair e se aquecer um pouco antes que a aula comece. O inverno voltou. Enquanto o *dojo* se ajusta, seus membros novamente se preparam na sala de treinamento para o evento mais importante da estação, o chamado *Oshogatsu* — a celebração de Ano-Novo.

A preparação para o Ano-Novo é chamada de *kotohajime* no Japão. No *dojo*, geralmente *kotohajime* começa no dia 13 de dezembro. Nesse dia ou perto dele, além das tarefas diárias de limpeza da sala de treinos, cada canto é limpo, cada lugar é cuidadosamente espanado e varrido. O chão e outras peças de madeira são polidos. As janelas são escancaradas para que o ar circule no ambiente. Mas o dia 13 de dezembro também é o dia em que os pupilos de todas as artes marciais vestem kimono formal e visitam seus mestres e professores para agradecer por tudo o que eles fizeram. Os artistas marciais, assim como estudantes de cerâmica, cerimônia do chá, caligrafia e outras disciplinas, presenteiam seus professores com pequenas lembranças e conversam sobre o treinamento do ano que passou. Fico triste em dizer que, conforme as artes tradicionais se tornaram mais raras no Japão, menos e menos estudantes mantêm esse ritual. Mesmo tendo treinado nos Estados Unidos, a cada dezembro eu dava formalmente ao meu sensei biscoitos de chocolate caseiros como presente e lhe agradecia por seus ensinamentos. Quase todos os alunos que conheci de *budo*, cerimônia do chá ou arranjo floral faziam o mesmo. É triste observar essas instituições desaparecendo, e ainda que isso não seja prático, o budoka sério deveria se esforçar para manter o ritual vivo se isso for possível.

O *kamidana* e tudo o que estiver na estante também passa por uma boa limpeza. Por volta do dia 27 de dezembro, ocorre o *shogatsu shitaku*, com a decoração do próprio *kamidana* ou, mais frequentemente, montando-se uma mesa na frente dele para esse propósito. Em alguns *dojo* essa decoração pode ser elaborada, em outros será muito simples. Garrafas de saquê, uma fruta do tipo da tangerina e arroz são colocados junto com outros itens de significado simbólico. O tipo específico de fruta que é normalmente usado é o *daidai*, ou tangerina amarga; é escrito com ideogramas diferentes, mas se pronuncia da mesma maneira que “de uma geração para a seguinte”. Ramos de *urajiro,* um tipo de sempre-viva que cresce em pares, são muito usados na decoração, representando a fidelidade no casamento e em outros tipos de relacionamentos.

Yuzuriha, uma árvore cujas folhas velhas caem dos galhos só depois que as folhas novas já estão quase maduras, simboliza a passagem do conhecimento de uma geração para a seguinte, assim seus ramos estão normalmente presentes na decoração de Ano-Novo do *kamidana*. Costumes locais também podem variar muito no Japão. Na localidade de Nara, de onde nasceu um de meus sensei, parte da decoração padrão da estante era feita com tiras de algas secas. Em alguns lugares, colocam-se bolas de arroz em galhos que são posicionados em volta do *kamidana*; em outros, a palha de arroz é tecida de modo intrincado e colocada como decoração.

Na maioria dos *dojo* que observam algum aspecto das celebrações tradicionais de Ano-Novo, o *kamidana* é decorado com um grande e redondo *kagami mochi*. O *kagami mochi* são bolos confeccionados com uma pasta grudenta feita de arroz doce amassado, chamado *mochi*. Feitos em formato de discos como espelhos redondos, ou *kagami*, essas decorações do *dojo* representam o espelho polido da autorreflexão no qual o budoka deve constantemente olhar para conseguir realmente polir a si mesmo.

Com o *dojo* limpo da poeira do ano velho e com a prateleira do altar cheia de oferendas, uma nova estação de treinamento está pronta para começar. Atualmente, a maioria dos *dojo* modernos do Japão fecha por duas semanas por volta do dia do Ano-Novo. A razão é mais prática que cerimonial: a época de Ano-Novo é fantasticamente atarefada no Japão, com diversos tipos de obrigações sociais que devem ser cumpridas, visitas aos santuários familiares etc. Poucos alunos poderiam participar dos treinamentos regulares. Mas em alguns locais tradicionais uma sessão de treinamento é marcada para a véspera do Ano-Novo, e alguns *dojo* nos Estados Unidos seguem esse costume. Frequentemente essas aulas são marcadas para que metade da prática ocorra na última hora do velho ano e o fim da prática na primeira hora do novo ano. Esse treinamento se chama *Ioshikoshi-geiko*, literalmente, "prática da véspera do Ano-Novo". A primeira prática completa do novo ano se chama *keiko-hajime*, "prática inicial". Se o *dojo* estiver fechado durante a primeira semana do ano, essa prática inicial poderá não ocorrer até a reabertura. Enquanto isso, o *dojo* pode ter uma noite com jantar, bebidas e celebrações em geral em comemoração ao início do novo ano. Isso é geralmente chamado de *kagami biraki*. Assim como o bolo de arroz *mochi* no formato de espelho, *kagami biraki* apresenta o mesmo simbolismo. A palavra significa "uma abertura de espelho".[1] Os sacerdotes xintoístas

1. *Kagami biraki* significa "quebrar o espelho", literalmente, mas no sentido esotérico xintoísta refere-se a quebrar a máscara que cada um carrega em um mundo ilusório e ver a realidade. A tradição começou quando os guerreiros limpavam suas armaduras da sujeira das batalhas e, uma vez limpas, se poderiam ver as imagens reais. Ao se limpar ou quebrar o espelho sujo se remove a imagem falsa e a pessoa pode se ver como realmente é. A ideia é começar o ano-novo purificado, autêntico, livre das ilusões. (N. da T.)

no Ano-Novo geralmente removem as coberturas dos espelhos que ficam no centro de muitos santuários, que normalmente são mantidos escondidos atrás de portas ou em outros locais. Durante a festa frequentemente animada da estação, o *kagami biraki* no *dojo* simboliza o mesmo conceito do que ocorre no santuário xintoísta — uma pausa do treinamento diário para um olhar atento em seu espírito.

Por sinal, as festividades de fim de ano podem ser um tanto diferentes para vários *koryu*, ou escolas clássicas de artes marciais. Algumas delas ainda observam o velho calendário lunar anterior tanto ao calendário lunar chinês quanto ao calendário gregoriano ocidental que veio depois. Sabendo disso, o Ano-Novo não vem na lua minguante, mas na primeira lua cheia. Isso é chamado de *koshogatsu*, "pequeno Ano-Novo", e era observado com mais frequência (e ainda é, em alguns lugares) no Japão rural. Isso faz sentido, pela perspectiva de um fazendeiro ou de uma pessoa que viva perto da natureza. A lua cheia oferece iluminação suficiente para se fazer cerimônias e outras festividades nos horários noturnos. Os *ryu* marciais que possuem suas raízes nas áreas rurais do Japão podem ainda observar o *koshogatsu*. Os alunos e os professores podem se reunir no templo doméstico do *ryu* ou na residência do líder para um jantar especial. São feitas demonstrações formais (*hono embu*) ou uma sessão especial de treinamento (*hono-geiko*) em homenagem aos espíritos dos mestres ancestrais do *ryu*.

De muitas maneiras, o lado racional por trás dos rituais e das celebrações de *Oshogatsu* é a necessidade da lembrança, do contato com o passado. Outro ano de treinamento se completou. Novos membros vieram para o *dojo*; outros se perderam por uma razão ou por outra. E então começa um novo ano de treinamento, outra estação do *dojo* se renova.

O inverno também é o momento de *kan-geiko*, ou "treino frio". Isso ocorre no que é normalmente a parte mais fria da estação no Japão, perto do fim de janeiro. *Kan-geiko* pode durar uma única sessão ou uma semana ou mais. A menos que a temperatura seja extremamente fria, envolve prática no exterior. *Kanchu tanren*, ou treinamento no "inverno rigoroso", há muito tempo tem sido uma unanimidade do *budo*. Parece masoquismo? Em alguns casos, pode parecer. O budoka que se interessa pelo *kan-geiko* deve ter a perspectiva. Primeiro, é claro, ele deve ter em mente problemas de saúde. As pessoas que sofrem de doenças graves ou que têm saúde frágil precisarão analisar bem sua possível participação. *Kan-geiko* causa muito cansaço físico. Mas com isso em mente, a maioria de nós é suficientemente saudável para treinar no frio por um curto período de tempo. O que precisamos considerar é qual é a nossa motivação para isso. Estamos participando do *kan-geiko* este ano porque temos medo de que nossos colegas de treino não nos aceitem se não participarmos? A pressão dos colegas e as exigências das expectativas dentro do grupo podem ser forças saudáveis. Mas se ultrapassam nosso bom-senso e nossa autoimagem, elas se tornam destrutivas, e precisamos repensar nossas motivações para participar do *kan-geiko* ou do *budo* em geral.

As sociedades sempre encontraram maneiras de desafiar os elementos da natureza, algumas formais e outras mais espontâneas. As lendas dos índios americanos estão cheias de episódios de jovens homens que vão para a selva com quantidades mínimas de alimentos. Atualmente, em Israel, espera-se que os homens e as mulheres que estão no serviço militar viajem, tanto para conhecer outras partes do mundo quanto para conhecer seus próprios limites. Na verdade, faz sentido que a maioria dos *hobbies* de hoje em dia sejam considerados "extremos" — escalada em gelo, salto de grandes alturas, surfe em ondas gigantes potencialmente mortais — porque são uma resposta para a falta de rituais formais no mundo moderno, que serviriam para nos testar. Nesse contexto, *kan-geiko* é uma forma de fazer exatamente isso. Ao longo do período especial de treinamento no frio, o budoka tem um objetivo mais claro. Será que ele aguentará uma série de manhãs difíceis no *dojo*, com o ar cortante entrando pelas janelas abertas e treinando descalço sobre um chão praticamente congelado? Encorajado em parte pelo espírito coletivo e pela força de vontade do grupo, e também pelo seu próprio desejo de conhecer seus limites, ele tenta e descobre, em muitos casos, que é capaz de fazer bem mais do que imaginava. Ele aprende que estar desconfortável e com frio não o limita. É possível correr descalço sobre o gelo sem sofrer tanto quanto ele pensava que sofreria. Visto de fora, isso pode parecer meio ingênuo ou machista. Mas as implicações de *kan-geiko* são amplas. Se posso treinar por duas horas em temperaturas que normalmente consideraria muito frias até para levar o cachorro para passear, sem sofrer efeitos nocivos, o que mais sou capaz de fazer que eu consideraria além de minhas capacidades? Quais são os limites de minha capacidade? Ela é um pouco ou muito mais ampla do que eu imaginava? Esse é o tipo de pergunta que será respondida — ou ao menos serão feitas — pelo budoka durante a prática no inverno rigoroso.

Outro elemento de *kan-geiko* refere-se ao conceito xintoísta da autopurificação, ou *misogi*. Ficar sob a água gelada ou caminhar na água congelante de riachos ou ficar até a cintura no mar gelado — esses exercícios são parte dos rituais de sacerdotes xintoístas no Japão por séculos. Os budoka modernos os adotaram. Apesar de serem mais comuns nos *dojo* do Japão do que em outros lugares, mesmo assim há locais de treinamento nos Estados Unidos em que coisas extremas como essas são parte do ciclo anual do *dojo*. Apesar de suas raízes serem religiosas, certamente nem todos os participantes dos rituais de *misogi* atualmente abraçam o xintoísmo como uma fé. Em vez disso, eles encaram essas práticas, geralmente acompanhadas por outros treinamentos, como um meio de reflexão interior e como isso pode ser mais bem refinado.

O oposto de *kan-geiko* é *natsu-geiko*, o treino no calor do verão. *Natsu-geiko* geralmente ocorre na segunda metade de julho, durante a parte mais quente da estação. Seus objetivos e implicações são exatamente os mesmos do treinamento no inverno rigoroso. Entre os treinos de inverno e de verão, haverá outros eventos anuais no *dojo*. Instrutores visitantes virão para seminários especiais. Periodicamente, o *dojo* será cuidadosamente limpo. Normalmente, o início ou o fim do verão é a época do *gasshuku*. Essa palavra significa "estar alojado junto com outras pessoas", como se estivesse em um dormitório. O *gasshuku* no *budo* se refere a um período intenso de treinamento, de um fim de semana ou uma semana inteira, em que os membros permanecem juntos e treinam por várias horas do dia. Essas sessões no Japão geralmente ocorrem em áreas afastadas ou no campo. Nos Estados Unidos, geralmente o *dojo* aluga o dormitório de uma universidade, e o treino é feito no *campus* ou em um ginásio. Às vezes, o *gasshuku* é feito para que os participantes compartilhem a responsabilidade de preparar as refeições, em outras, a alimentação é oferecida pelo lugar em que estão alojados. O foco do *gasshuku* não é tanto o treino ou o aprendizado de novas coisas, mas o treino do que já foi ensinado. Podem ser feitas longas corridas no campo a cada manhã, ou um treinamento em chão irregular, ou outras atividades que não são parte da prática regular. Às vezes, são reunidos membros de diversos *dojo* associados de uma mesma arte. De qualquer modo, a maior parte do valor do *gasshuku* é passar bastante tempo com os colegas que praticam como você. Tão importante quanto o treino no *gasshuku* é a socialização que ocorre durante as refeições ou à noite. São nesses momentos que os membros se conhecem melhor e observam como seus veteranos agem do lado de fora das salas de treino, e no caso desses veteranos, o *gasshuku* lhes dá a oportunidade de aprenderem a ser melhores líderes e modelos.

Todo *budo* moderno tem algum tipo de sistema de graduação, assim, os exames são uma parte regular do ano do *dojo*. A maior parte das formas de judo, karate-do, aikido e kendo usa o sistema *dan-i*, que na maioria dos casos é marcado pelo uso de faixas coloridas. A história desse método de graduação é discutida no capítulo sobre *keikogi*; os detalhes são informados no capítulo sobre o *deshi*. O exame para o grau seguinte pode ser feito em intervalos regulares ou quando o professor considerar necessário. Em alguns *dojo*, podem ser feitas *kyui betsu koshu*, aulas especiais para as habilidades que uma pessoa deveria aprender em uma graduação antes de fazer um exame para outro grau. Um *koshu* é um curso curto ou um seminário. Às vezes, o *koshu* é direcionado para aperfeiçoar uma habilidade requerida para a próxima graduação. Além do *koshu* direcionado para graduações específicas, podem ocorrer *koshu* sobre diversos outros aspectos da arte. Um professor poderá marcar um *koshu* sobre etiqueta no *dojo* se considerar que as coisas ficaram descuidadas nessa área. Em um *dojo* em que são ensinadas artes marciais clássicas, podem ser feitos *koshu* para demonstrar como uma armadura seria usada ou consertada, ou sobre outros assuntos incomuns que não surgiriam na prática diária. Um *koshu* popular nos *dojo* de *budo* modernos é como aplicar as técnicas com os praticantes vestindo roupas do dia a dia ou como fazê-las em situações difíceis, como em uma sala cheia ou no escuro.

O exame em si é chamado de *shinsa*. Ele pode ser informal, e feito sem aviso, ou pode ser um momento especial para o qual o aluno se prepara e comparece perante seu professor ou um conselho de veteranos para demonstrar o que sabe. O anúncio dos resultados do *shinsa* é chamado de *happyo*, lido em voz alta para o *dojo* reunido ou afixado na parede. Se for um bom *dojo*, após o exame também haverá um *kaisetsu*, ou a explicação sobre os resultados. Isso é importante se vários alunos falharam no exame, ou se muitos passaram. De qualquer modo, eles precisam saber por que e por quais critérios eles foram julgados para que possam se planejar para a graduação seguinte.

Outra parte do ano do *dojo* é *embu*. *Embu* significa "uma demonstração", mas em termos de *dojo* geralmente se refere a uma demonstração especial. Durante o ano, o *dojo* pode ser convidado para demonstrar sua arte ao público. Existem lugares apropriados para que um *budo* seja apresentado ao público: encontros culturais como festivais sobre o Japão, ou em escolas que estejam tendo aulas sobre o Japão e a cultura japonesa, ou em eventos para a promoção da cultura japonesa, por exemplo. Em alguns eventos, como lançamentos de filmes, aberturas de *shopping center* etc., o *budo* será apresentado mais como um espetáculo ou entretenimento que como uma atividade séria e digna — e isso nunca deveria ser considerado apropriado para demonstrações públicas. Uma maneira comum de se referir a demonstrações públicas em japonês é *shucho embu*. *Shucho* é uma palavra interessante com uma derivação histórica curiosa. Originalmente, significava colocar tropas em um campo de batalha em preparação para a guerra. Uma palavra que lhe é relacionada é *shutsuba*, que significa "cavalgar para o campo de batalha e assumir seu posto". O budoka que está planejando uma demonstração pública deveria pensar sobre essa terminologia. A apresentação de sua arte certamente não é questão de vida ou morte como no campo de batalha. Mesmo assim, isso cria desafios que devem ser pensados com sinceridade e cuidado.

A menos que você seja completamente inocente, deve saber que o termo "artes marciais" no Ocidente possui uma conotação de violência irrestrita e machismo. Ao mesmo tempo, elas são vistas como uma bobagem ritualizada, com reverências e gritos e poses ridículas de pessoas vestidas com roupas esquisitas. Em uma apresentação de *budo* deve-se ter em mente esses estereótipos. Os mestres devem buscar um equilíbrio, demonstrando a violência e o conflito que realmente existem no coração de qualquer arte de luta; mas demonstrando também, na apresentação da "arte", a beleza e a elegância dos movimentos que caracterizam essas habilidades. Em alguns casos, o *dojo* pode incorporar iniciantes na demonstração para mostrar que a arte não é para super-humanos. Em outros casos, os professores podem decidir concentrar a demonstração nas habilidades dos membros mais antigos, que podem oferecer um panorama das habilidades usadas no treinamento. As pessoas que fazem a demonstração, não importando o nível de suas habilidades, devem ser cuidadosas para não desafiar ninguém nem insinuar que sua arte é superior, e muito menos sugerir que seus praticantes possuem talentos fantásticos. Eventualmente, pode haver alguém na multidão que diga algo sobre esses absurdos e você ficará em má situação.

Outro perigo na demonstração do *budo* é que alguém pode facilmente se machucar. Ferimentos sempre são uma ameaça no *dojo*. Não importa quanto cuidado você tenha, as pessoas podem se machucar. As chances de isso ocorrer podem ser maiores em um *embu* público. Os participantes podem estar nervosos, cheios de adrenalina pela excitação da apresentação, e provavelmente podem ir mais rápido e com mais força do que fariam em uma prática normal. Essas tendências devem ser firmemente discutidas pelo professor ou pelo líder da apresentação antes de ela ocorrer. Você demonstra sua arte porque se orgulha dela, ou porque, de alguma maneira, acha importante mostrá-la. Uma demonstração impressionante, feita com perfeição, será completamente obscurecida se alguém se machucar e precisar de ajuda para sair do *embu-jo*, ou área de demonstração, com um membro quebrado ou com o rosto ensanguentado.

Em contraste com o *shucho embu* público, temos o *hono embu*, que ocorre quase sempre de forma privada, ou dentro do *dojo* ou, no Japão, em um lugar que tenha profundo significado espiritual para a arte. Um *hono* é uma oferenda em um sentido religioso, algo que é "dedicado". *Hono embu* é uma demonstração que não é direcionada a outras pessoas, e sim aos espíritos ancestrais do *budo*. O *hono embu* ocorre em certas épocas do ano, épocas que têm algum significado especial para a arte ou para o *dojo*. Ele é feito, como ocorre com o treinamento normal no *dojo*, em frente ao *kamidana*. No Japão, eles podem ocorrer em santuários xintoístas ou em lugares como cemitérios ou locais em que os espíritos dos ancestrais da arte são relembrados. Um *hono embu* é um evento formal. Em alguns casos, veste-se kimono. Se isso não ocorrer, mesmo assim haverá um sentido de solenidade. Em alguns *dojo*, apenas os membros mais antigos poderão participar de um *hono embu*, ou talvez apenas o professor e seus alunos mais graduados. Em outros, espera-se que todos os membros estejam presentes. Todos fazem suas demonstrações como se os ancestrais estivessem presentes. Eles dão o melhor de si, para demonstrar o quanto valorizam o que lhes foi passado ao longo das gerações. Um *hono embu* pode ocorrer apenas uma vez por ano, e às vezes com menor frequência. Mas se o *hono embu* não ocorrer em um *dojo*, você pode se preocupar quanto à seriedade do lugar ou quanto às ligações históricas de seus membros com o fundador e com as gerações anteriores da arte. Às vezes, este *embu* não terá a aparência exterior de ser o que é. Nas celebrações anuais de *Kagami Biraki* da Kodokan em janeiro, a cada ano, é feita uma demonstração formal dos *kata* do judo, que muitas pessoas acham que é apenas uma apresentação da técnica feita por judokas de alto nível. Na verdade, isso é um *hono embu*. As demonstrações de judo podem ser impressionantes para os expectadores que as assistem. Mas seu propósito não é impressionar ou entreter a multidão, e sim para que os maiores representantes mostrem sua arte aos espíritos dos que representaram antes deles o mundo do judo.

Keiko osame é a última sessão de treinamento do ano. Ocorre em dezembro, é claro, geralmente no meio das preparações para as festividades de Ano-Novo do *dojo*, lá pelo dia 28 do mês. Na maioria dos lugares, não é um aspecto formal do calendário do *dojo*. Em alguns *dojo*, não será uma data marcante. A cultura japonesa e a observação de diversos momentos do curso das estações estão cheias de exemplos de celebrações para a "primeira vez que algo acontece". Por exemplo, a primeira lua cheia do outono, ou o primeiro peixe fresco pescado, esses eventos são vistos de modo ritualístico. Mas às últimas coisas normalmente não se dá muita atenção. Em alguns *dojo* que já estão limpos e polidos para o Ano-Novo, pode ser feita uma limpeza final chamada de *susuharai*. O *susuharai* é feito nas casas e nos escritórios no Japão; ao se varrer o chão de forma cerimonial, acredita-se que o ambiente será purificado pela remoção da poeira de infelicidades que possa estar armazenada — como pequenas partículas de pó — nos cantos e fendas. Além disso, a maioria dos alunos e professores estarão muito ocupados com as festividades que se aproximam para poderem pensar muito no *keiko osame*. Talvez um budoka, mais atento que os demais, fará uma pausa depois da última reverência do ano para refletir por um momento. Outro ano se passou. Mais um ano de memórias, bons momentos, frustrações e dificuldades. Podem ter ocorrido machucados, o que exigiu um tempo para a cura. Limitações foram ultrapassadas; você foi além do que imaginou possível quando o ano começou. Ou você pode sentir a preocupação e a ansiedade por não ter ido além do ponto em que estava 12 meses atrás, por estar parado e repetindo os mesmos erros (em termos do Caminho marcial, a sensação de não estar saindo do lugar pode ser a parte mais importante da caminhada). Em que você estava trabalhando um ano atrás? Isso ainda lhe parece complicado? Ou você já foi tão à frente que não consegue lembrar-se do que era, um ano atrás, um obstáculo assustador? E tendo progredido ou não em seu treinamento de forma significativa, o que o ano-novo trará?

Keiko osame significa "o fim do treino" ou "o último treino". É claro que o fim do ano no *dojo*, a última aula do ano, não quer dizer isso. Não existe um "fim". E, por outro lado, não existe um "próximo". Só existe o momento. Existe o esforço e o comprometimento que você coloca *nesta* prática, *nesta* aula. Viramos a página do calendário; as estações se seguiram novamente. Mas o que se mantém firme é aquele aluno, ligado ao passado e simultaneamente ansioso pelo futuro, mas que, naquele momento, está exatamente naquele lugar — e ele sabe que lá é onde ele precisa e deseja estar.

Glossário

aite	Oponente ou parceiro de prática durante o treinamento. Um *aite* não é um "inimigo", mas sim alguém que age no papel de antagonista como parte do processo de treinamento.
bokken	Espada de madeira que substitui a versão de metal da arma, usada para treinamento; também foi empregada durante o período feudal.
bokuto	Ver *bokken*.
budo	O Caminho das artes marciais do Japão. A palavra pode significar, além de uma modalidade de treinamento físico, também uma busca estética e espiritual.
buki	Termo genérico em japonês para armas.
chado	O Caminho da cerimônia do chá.
dan	Uma graduação ou nível formalmente reconhecido dentro de uma arte. Em algumas formas de *budo*, isso pode ser feito pela concessão de uma faixa colorida, e nesse ponto, a faixa preta tipicamente significa o primeiro grau das graduações de *dan*.
dan-i	Sistema de graduação de uma arte que geralmente usa faixas para a indicação do nível de um praticante. Ver também *menkyo*.
deshi	Estudante.
do	Literalmente, um caminho ou uma estrada. *Do* se refere a uma arte, com a implicação de dimensões estéticas ou espirituais que estão além dos aspectos puramente físicos de seu currículo.

dogu — Equipamento, ou *gu*, usado para se seguir um *Do*, ou Caminho.

dohai — Pessoa que treina no mesmo *dojo* ou na mesma arte e que tem mais ou menos a mesma habilidade, tendo começado seu treinamento ao mesmo tempo que você. Ver também *kohai* e *sempai*.

hanshi — Título dado a um praticante antigo de uma arte, muitas vezes aquele que carrega consigo o *status* de um professor.

heigo — Literalmente, "linguagem marcial". *Heigo* é o idioma do treinamento e da vida marcial ou militar, incluindo diversos termos usados no *dojo*.

ikebana — O Caminho do arranjo floral.

in-yo — Forma japonesa de pronunciar os ideogramas para "yin" e "yang".

isshin-denshin — Transmissão direta do espírito de uma arte entre um professor e um aluno usando-se a percepção e o sentimento, e não informações verbais.

kami — Ancestral, comunitário, espíritos nativos ou deidades dentro do contexto das religiões xintoístas ou de práticas populares.

kata — Formas de exercício criadas para integrar as habilidades motoras neuromusculares do praticante de uma arte.

keikogi — Forma genérica para as roupas usadas durante a prática de alguma modalidade de *budo*.

kohai — Estudante iniciante em uma arte ou em um *dojo*. Ver também *sempai*.

koryu — Literalmente, "tradições antigas". *Koryu* é um termo muito amplo usado para descrever sistemas de artes marciais originados antes do fim da Era Feudal japonesa, em 1867.

kyoshi — Um dos diversos títulos dados a praticantes com habilidades avançadas ou com muita experiência dentro

	de uma arte, frequentemente significando algum tipo de autoridade como professor.
menkyo	Licença dada dentro de uma arte. A maioria das modernas formas de *budo* não usa graduações de *menkyo*, que são mais comuns nas formas mais antigas.
monjin	Literalmente, uma pessoa no portal. *Monjin* é uma palavra usada para descrever um principiante ou algum aspirante à arte.
mudansha	Literalmente, "pessoa sem graduação". *Mudansha* geralmente descreve os praticantes de uma arte que ainda não obtiveram qualquer graduação ou que ainda não receberam uma graduação de *dan*. Ver também *yudansha*.
nage	Termo aplicado naquelas artes que incluem agarramento ou arremesso do oponente, referindo-se à pessoa que faz a ação. Ver também *uke*.
reishiki	Etiqueta.
renshi	Título dado a um praticante mais avançado, frequentemente indica que quem o recebeu tem a permissão para ensinar alguns ou todos os aspectos de uma arte.
ryu	Escrito com o ideograma que significa "fluxo", *ryu* é o termo usado para um sistema específico ou a tradição de uma arte.
semete	Termo usado em artes que envolvem técnicas percussivas, *semete* indica a pessoa que faz a ação. Ver também *ukete*.
sempai	Veterano no *dojo* ou na arte. Ver também *kohai*.
shidachi	Termo usado especialmente nos caminhos e artes marciais que empregam armas, para indicar a pessoa que recebe ou reage a uma ameaça ou a um ataque. De forma idealizada, é a pessoa vencedora do confronto. Ver também *uchidachi*.

shidoin — Título que indica algum nível de responsabilidade para ensinar uma arte ou um *dojo*.

soke — Fundador de uma arte.

uchidachi — Pessoa que inicia um ataque em uma sessão de prática, ver também *shidachi*.

uke — Pessoa que recebe um ataque ou ação ofensiva durante o treinamento. Ver também *nagé*.

ukete — Literalmente, "a mão que recebe". *Ukete* se refere à pessoa a quem o ataque é dirigido e de quem se espera saber lidar com isso no processo de treinamento. Ver também *semete*.

yudansha — Pessoa que recebeu a graduação de *dan*. Ver também *mudansha*.